# DROIT AU CAPITAL

## INVIOLABILITÉ

# DE LA PROPRIÉTÉ

EXTRAIT D'UN PROJET D'ORGANISATION SOCIALE QUI A POUR BASE :

LA CONSOMMATION

POUR MOYEN PRINCIPAL :

***LE DROIT AU CAPITAL***

POUR CONSÉQUENCES :

LA SUPPRESSION DES IMPOTS, LE TRAVAIL, LE BIEN-ÊTRE, LA MORALITÉ, LA PROLONGATION DE L'EXISTENCE

PAR

**MARTIN-BRUERE.**



PARIS.

EN VENTE, RUE VIVIENNE, 2, AUX BUREAUX DE L'INTERMÉDIAIRE

et chez tous les Libraires

DÉPOT A L'IMPRIMERIE, RUE DU BOULOI, 19.

1849.

Paris.—Imprimerie PREVE et C^e, rue du Bouloi, 19.

# PRÉFACE.

Il y a quelqu'un qui a plus d'esprit que MM. Guizot et Metternich : Ce n'est pas M. Thiers ; c'est tout le monde.

Le vent, qui a déraciné les vieilles monarchies, a soufflé aussi sur les royautés de l'intelligence, et on s'est demandé ce qu'elles étaient devenues.

La diffusion des lumières a produit les mêmes effets que la diffusion des droits; et le développement des facultés intellectuelles a suivi dans chaque individualité la progression des droits conquis.

Disons-le à la gloire de notre époque : nul n'a fait du savoir acquis, de l'inspiration descendue sur lui , l'instrument d'une vanité égoïste. Chacun a apporté religieusement son grain de sable à l'édifice, et c'est comme devoir accompli que j'offre mon tribut.

Une de ces voix qui avaient dominé le pays constitutionnel s'est fait entendre récemment pour démontrer, par une preuve éclatante, que l'esprit s'était retiré des hauteurs où le pouvoir l'avait cru placé. Il ne suffisait pas à M. Guizot d'avoir fui devant la tempête qu'il avait provoquée; à un an de date, il a constaté l'aveu de son impuissance par la publication de ce livre , dont chaque page appelle pour conclusion la célèbre maxime, infligée à la majorité qu'il avait disciplinée : *rien, rien, rien.* L'oracle s'est troublé en présence de l'élément de la démocratie, dont il a bien voulu reconnaître l'existence, après en avoir subi la force.

C'est là sa véritable abdication. — Mais il y a un être qui n'abdique jamais : c'est le peuple. Et quand le gouvernail échappe, au milieu des éclairs, à des mains débiles, les enfants du peuple s'élancent à la manœuvre, au péril de leur vie.

Ce que je crois avoir découvert, après de longues méditations, je ne dois pas le cacher sous le boisseau. Si je n'ai pas atteint le but, j'aurai peut-être ouvert le sillon : c'est toujours être utile.

# INTRODUCTION.

En remontant à travers les âges, en fouillant la profondeur des temps les plus reculés, on retrouve partout la trace de cette élaboration incessante qui, d'heure en heure, modifie la condition de l'humanité. Ce que chaque phase de ce travail éternel pèse dans la balance de nos destinées, nul ne saurait le dire. L'orgueil d'une époque ressemble à l'orgueil d'une nationalité : il prend sa source à la borne du plus étroit horizon.

Il y a dix-huit siècles, une parole inspirée annonça aux hommes qu'ils étaient frères. Le vieux monde tressaillit sur sa base ébranlée : l'esclave entendit de loin la voix du Rédempteur et espéra. Mais de cette révélation à la proclamation *des droits de l'homme*, un abîme... abîme comblé par la lutte, les hécatombes, les efforts héroïques, et par la pensée humaine secouant sur les populations les étincelles de son flambeau. N'oublions donc pas que chaque époque est le résumé de celles qui l'ont précédée, comme chaque homme doit au milieu où il est né les facultés qu'il possède; et, sans exagérer la valeur des progrès que nous semblons appelés à accomplir, poursuivons avec dévouement la tâche que Dieu a imposée à l'humanité.

Religion, philosophie, science, tout concourt à l'œuvre des siècles, dans la mesure de sa puissance, et il n'est pas jusqu'à ces tempêtes soulevées parfois du sein des masses et menaçant de tout engloutir, qui ne recèlent au sein de leurs terribles commotions des germes féconds d'avenir. En brisant les entraves qui les retenaient captifs, l'explosion, longtemps contenue, les fait surgir, et si quelques-uns périssent par les soins imprudents d'une culture hâtive, d'autres prennent terre et se développent aux rayons vivifiants du soleil de la liberté.

La liberté !.. mot magique, auquel la noblesse de France, dans une nuit célèbre, sacrifia tous les priviléges de son existence; et que le commerce, l'industrie, les beaux-arts regardèrent comme le principe de la vie brillante qui s'ouvrait devant eux; que le pauvre murmure en espérant un abri pour sa tête, un pain moins dur pour ses enfants. A travers des déchirements cruels, elle sema dans les deux mondes des prodiges et des bienfaits. Aujourd'hui, nous attendons d'elle, grâce aux études sévères de la science, grâce aux tendances de tous vers l'amélioration pacifique de l'être, la satisfaction de tous les intérêts légitimes de la société.

Par quels moyens la part de bien-être à laquelle chacun a droit lui sera-t-elle donnée, sans ôter à son frère celle qui lui est due? C'est là que s'arrête le vouloir; c'est là que le savoir commence.

En 1789, le besoin dominant du tiers-état, qui n'était rien par le droit, tout par le fait, c'était surtout l'égalité. L'aspect du descendant des barons féodaux, résumant en lui, dans une oisiveté scandaleuse, toutes les fonctions et tous les bénéfices, révoltait le sentiment de la dignité individuelle, comme il offensait la morale publique, et le jour où l'on discuta le droit de ceux qui s'étaient donné *la peine de naître*, le privilége de l'inégalité native fut aboli. La compression du joug avait été si longue, que la démocratie, en le secouant, proscrivit jusqu'aux formes sous lesquelles s'étaient présentés les dilapidateurs de la fortune publique.

La conquête de l'égalité, l'accessibilité de tous les hommes aux biens que le travail acquiert, ce fut là, théoriquement parlant, l'œuvre principale de la révolution française. Séduite par ses avantages, enivrée de gloire sur tous les champs de bataille de l'Europe, livrée à l'intérieur à une activité productrice dont elle ne recherchait pas et dont je dirai la cause, la nation se laissa conduire à une aristocratie nouvelle, malgré les avertissements sévères du petit nombre d'hommes qui avaient compris et n'avaient pu faire comprendre la liberté. C'est à la démocratie, fondée à toujours par le suffrage universel, à l'asseoir aujourd'hui sur ses véritables bases.

Dans son acception primitive, la liberté, c'est la justice; c'est la balance (*libra*) tenue sévèrement entre le droit et le devoir, c'est la juste répartition de la richesse sociale.

Il ne suffit pas à l'homme d'être délivré des entraves

qui gênaient ses mouvements, pour atteindre le but que sa nature lui assigne. Il faut que la société seconde ses instincts généreux, l'essor de son génie, la satisfaction de ses intérêts matériels. La liberté consiste dans *le libre développement des facultés humaines*, et la science gouvernementale se réduit à diriger unitairement les forces individuelles vers l'amélioration générale.

Assez et trop longtemps, la défiance du retour des abus de l'ancien régime a érigé l'antagonisme en principe. Assez longtemps, la pondération des pouvoirs opposés ou rivaux, leur contrôle incessant, leurs luttes régulières, leurs semblants de combat, ont paru le chef-d'œuvre du gouvernement appelé constitutionnel. Le vide de ses théories, la nullité de ses résultats, la déperdition des forces usées dans ce frottement d'ambitieuses vanités, ont lassé tous les esprits et les ont poussés vers la recherche de l'unité. De là les divers systèmes qui se partagent le socialisme.

Je n'ai pas à combattre des doctrines qui suppriment les éléments essentiels de la société actuelle pour créer un monde nouveau. La science ne nous semble pas consister à effacer là l'individualité, ici la famille, là la propriété. La critique a fait son œuvre : il est temps d'affirmer.

La tâche est ardue, je ne l'ignore pas ; et quand, avec des hommes de bonne volonté, liés par une croyance commune, des novateurs courageux n'ont pu former le centre d'une société durable, je comprends quelles difficultés peut jeter au-devant des pas du législateur ce réseau serré d'intérêts entés sur l'abus, d'habitudes monarchiques, d'existences attachées à une forme qui doit périr. Mais les convictions profondes ne reculent pas devant des obtacles dont elles ont tenu compte, et, quand le peuple a exprimé sa foi dans l'avénement de la démocratie par sa résignation à accepter la détresse jusqu'à ce que l'œuvre de la science fût faite, il n'est pas de courage qui puisse et doive faiblir.

Avant Adam Smith, on demandait si c'était la terre, l'industrie, le commerce, l'argent qui produisent la richesse. Smith répondit : C'est *le travail*. Oui, c'est le travail qui est la source de toute production ; mais à côté de cette grande vérité, restée jusqu'à présent stérile, il faut placer le moyen, non de stimuler le travail, mais de le rendre profitable à l'homme : *That is the question*. C'est vers ce but que doivent se porter les efforts des sociétés modernes.

Après avoir démontré l'origine de la richesse, les savants crurent qu'il suffisait de fouiller dans cette mine inépuisable; et exciter la production par toutes les voies possibles leur parut le dernier mot de la prospérité des nations. Mais qu'importe à l'ouvrier, au fabricant, l'application incessante de son intelligence à la matière, si le produit de son labeur, combattu sur le marché par la concurrence, dévoré par le fisc et l'usure, ne lui laisse que la douleur d'un travail sans fin et sans compensation? C'est le rocher de Sisyphe, le tonneau des Danaïdes. Et quand le désespoir de cette situation s'est accumulé dans les âmes, une révolution est enfermée dans le plus petit événement qui vient lui donner l'occasion d'éclater.

Vivre, c'est le *droit* de l'homme, indépendant de toute *déclaration*.

Travailler, c'est le *devoir*.

Et il ne faut pas moins que la confusion des langues, inévitablement amenée par le choc des idées et l'ignorance des lois économiques, pour qu'on ait tenté d'inscrire dans une constitution *le droit* au travail. Ce devoir, il n'est pas d'homme qui ne soit disposé à l'accomplir dans la mesure de ses aptitudes, mais à la condition de l'exercice de son droit: Or, vivre, c'est assimiler à sa nature intelligente, à ses besoins moraux et matériels les objets destinés à les satisfaire, c'est *consommer* en un mot. Le pauvre ne vit pas.

Législateurs, voilà la loi d'avenir. Ne cherchez pas à exciter la production : elle n'a pas besoin de vos encouragements. Que voulez-vous qu'elle devienne, quand vous l'avez poussée à ses dernières limites, et que vous empêchez la consommation de venir à elle? Hâtez-vous! détruisez les monopoles; effacez, effacez ces dispositions fiscales qui, sous prétexte d'impôts indirects, vont chercher dans l'asile du plus obscur travailleur, ce qu'il y a de plus sacré au monde, son salaire, et le lui ravissent. Ce n'est pas seulement la nature que vous outragez en enlevant à l'enfant l'aliment gagné par son père, c'est la raison; car en dépouillant le travailleur, vous appauvrissez la nation. Ouvrez-lui l'accès au capital, vous créez l'épargne; ouvrez-lui les banques, vous créez la propriété, et vous placez dans son amour de l'ordre la sentinelle la plus vigilante contre les mauvaises inspirations. Ah ! si nos ministres savaient!...

A un peuple qui, dans une forme de gouvernement moins menteuse, a espéré trouver l'objet de ses aspirations, il faut des mœurs, il faut des lois, et une constitution ne les improvise pas. Mais jamais terre ne fut mieux préparée pour les recevoir. Ce n'est pas en vain qu'une dynastie, dont le chef croyait avoir assis l'avenir sur une base solide, tombe en quelques heures et ébranle par sa chute tout ce qui reposait sur la durée de ce pouvoir. L'effroi de ceux pour lesquels la vie s'écoulait brillante, l'espoir de ceux qui avaient supporté le poids du jour et bu le calice d'amertume, les ont forcés de se demander si l'organisation d'une société, qui expose ses membres à des cataclysmes si fréquents, ne repose pas sur un vice radical qu'il faut extirper à tout prix.

Quand la société romaine fut arrivée, sous le despotisme abrutissant de ses empereurs, à cet état de corruption qui annonçait une décomposition prochaine, déjà le christianisme avait donné la formule d'un monde nouveau. Déjà, abaissant le puissant au niveau du faible, plaçant le pauvre, parce qu'il avait souffert, presque au-dessus du riche, la religion du Christ sanctifiait l'union de l'homme et de la femme, donnait à la mère de famille un caractère auguste, ramenait les esprits à l'unité en annonçant un seul Dieu, et retrempait une civilisation caduque dans les eaux d'une morale épurée.

En renversant la société française condamnée à périr, la révolution de 1789 détruisit la famille telle que le moyen-âge l'avait faite. Elle consacra pour chacun de ses membres le même droit individuel sur le travail accumulé par le père, et donna ainsi au sol, par la division de la propriété, une fécondité qu'il n'avait pas connue, quand il appartenait à un petit nombre d'hommes. Mais les liens de la famille furent brisés, et l'individualisme y prit son rang comme dans la nation. Aujourd'hui que le besoin de la cohésion se fait sentir entre toutes les parties du corps social, précisément parce qu'elles ont atteint le véritable niveau de l'égalité, aujourd'hui que c'est par l'association que nous marchons vers l'unité, nous devons reconstituer la famille, dont l'esprit vivifiant moralise et fortifie. Chaque famille ne sera pas un centre isolé et indépendant, mais unies, associées par des devoirs et des droits communs, elles formeront ces ensembles puissants qui, par la pratique d'une fraternité réelle, sont destinés à nous conduire à la solidarité humaine.

Lois, mœurs, éducation, instincts, intérêts, tout doit concourir au même but, et c'est là ce qui constituera *l'ordre*, ce résultat harmonique dont le nom a été si souvent profané par son application à la force brutale et au calme passager qu'elle produit. Dans l'organisation actuelle de la société, ses éléments sont lancés par l'antagonisme dans tous les hasards des événements. Ils se heurtent, se brisent, s'anéantissent au détriment du bien-être des masses auxquelles leurs efforts seraient utiles, et quand le choc devient trop violent et la perturbation trop générale, le pouvoir intervient en arrêtant l'essor de tous, — *Et ubi solitudinem fecerunt pacem appellant*. L'ordre ne peut être que le produit combiné, sagement réglementé, des rapports des hommes entre eux, et présentant partout et toujours l'unité dans la multiplicité.

A côté de la constitution de la famille, il faut placer la constitution de son droit. Disposée à produire par le travail, appelée à la satisfaction de ses intérêts légitimes, il faut, qu'aux conditions déterminées par la volonté générale, elle soit sûre de l'exercice de son *droit au capital*. C'est là le droit qu'il faut hautement proclamer, comme la source de toute richesse; c'est le droit qu'il faut se hâter d'établir, comme la source de toute moralité. Lisez ce long martyrologe que nos annales étalent tristement à tous les yeux. Voyez-vous la probité modeste, la capacité incontestée, l'amour du travail, l'industrie intelligente périr en présence du capital hautain qu'elle ne peut aborder, ou de la cupidité qui l'évite, pour chercher une proie qu'elle dévorera en se perdant? Le génie lui-même, ce don de Dieu, envoyé pour révéler aux hommes les secrets de la nature, le génie ne trouve pas grâce devant le capital, et la douleur de n'être pas comprise porte le trouble dans les facultés de cette âme dont la puissance eut remué un monde. Jetons un voile sur tant de noms que l'infortune a rendus aussi célèbres que la supériorité de leur esprit, et tâchons que la patrie n'ait plus à rougir du spectacle des souffrances de ses plus illustres enfants.

La richesse sociale, dont le fisc aspire le produit le plus

pur, ne saurait être, dans aucune limite, à la merci de l'intérêt individuel. Si la nation doit profiter du travail de tous, il ne peut dépendre d'aucun homme d'animer, de restreindre ou d'empêcher ce travail. L'expérience est faite : les terribles conclusions qu'apportent avec elles ces crises financières dont la fréquence ne diminue pas l'intensité, ont constaté depuis longtemps quelle action fatale la volonté individuelle exerçait sur la circulation du numéraire. Pour que le crédit, qui n'existe pas en France, produise les merveilles que le pays est en droit d'en attendre, il faut que les banques, arrachées aux étroites combinaisons de l'individualisme, soient élevées à la hauteur d'une grande institution publique. Concentrer dans des établissements obéissant à une impulsion unique, l'humble épargne à côté des trésors accumulés du riche capitaliste; prêter à la moralité, à la famille; encourager, soutenir, exciter le génie; verser enfin sur tous les travailleurs qui auront acquis le droit au capital, comme une pluie bienfaisante destinée à féconder leurs labeurs, telle sera la mission des banques dans l'avenir, et les temps héroïques n'en présentèrent pas de plus glorieuse ni de plus utile. L'habileté de l'emprunteur, l'apparence trompeuse de sa fortune, toutes ces fraudes qui rabaissent le caractère du demandeur, et endurcissent à la longue le cœur du prêteur, seront bannies des transactions de cette nature, car elles n'auront plus de raison d'être, en présence d'un droit dont la loi rendra l'appréciation facile. Ce temple, qui a ses sacrificateurs et ses victimes, dernière sentine de ces jeux monstrueux que la morale publique a forcé le pouvoir de proscrire, fermera lui-même ses portes en chassant prêtres et fidèles, comme jadis les marchands furent chassés d'un autre temple. Les signes de la prospérité de la France n'iront plus se chercher dans ces chiffres trompeurs qui grandirent un jour à la nouvelle d'un désastre national, et la consommation, c'est-à-dire l'accession de chacun au bien-être que comporte sa nature, sera le véritable *criterium* du bonheur du pays.

Mais ce serait en vain qu'à l'égoïsme dissolvant succéderait par la loi *des familles* l'esprit de fraternité, unissant tous ses membres par les liens d'une douce solidarité; ce serait en vain que la volonté arbitraire du banquier ferait place à l'établissement gouvernemental des banques, si les entraves dans lesquelles l'activité de l'homme a été emprisonnée, ne tombaient toutes devant l'application courageuse de la devise qui brille au front de nos monuments. Dans une société démocratiquement organisée, le libre développement des facultés de l'homme n'est entier et complet, que lorsque sa valeur personnelle ne peut être diminuée et mise à la disposition d'un homme. La loi civile, toute imparfaite qu'elle nous a été donnée, ne permet pas comme sanction d'un contrat l'aliénation de la liberté. La loi commerciale, au contraire, dans la prévision des fraudes de toute espèce qu'elle a considérées comme le cortége inséparable de l'industrie, n'a pas hésité devant la violation de l'être humain, et chaque homme, qui s'oblige sous la forme inventée par cette race éternelle dans laquelle l'industrialisme semble s'être incarné, signe la perte de la liberté. Cette menace incessante qui paralyse l'activité humaine a-t-elle été cruellement nécessaire? Sans critiquer le passé, hâtons-nous de dire que ce serait conserver la trace d'une rigueur inutile, quand le crédit ne sera plus que le droit de la moralité, exercé dans des conditions déterminées, et sanctionné par la solidarité des sociétés des familles. Mais ce que nous voulons établir comme l'accès indispensable à la voie nouvelle dans laquelle nous devons entrer, c'est pour l'Etat, comme pour les individus, la libération du passé. Je prie ceux auxquels ce mot pourrait présenter l'expression d'une pensée insensée ou injuste, de jeter un regard en arrière, de se rappeler le respect que leur a inspiré, à si juste titre, le grand législateur du peuple de Dieu, et de chercher dans ses codes cette loi du jubilé qui, à des périodes fixées, délivrait le débiteur du fardeau de sa dette. Si cet antécédent, puisé dans une antique et religieuse civilisation, ne suffisait pas à la justification de la loi que je propose, je la trouverais dans des temps plus rapprochés de nous, et à défaut d'antécédents, j'invoquerais les lois imprescriptibles de la logique et du salut des nations. Ces considérations auront leur place dans l'exposé des motifs. Il nous suffit d'avoir fait entrevoir le principe en vertu duquel doit cesser la situation anormale, fausse et menteuse dans laquelle se trouvent placés l'Etat et les citoyens.

Tout se tient, s'enlace, se coordonne dans une organisation où la législature n'a pas à faire la part du privilége. L'égalité, mère de la justice, fille de la raison, puise ses dispositions aux sources de la vérité. Elle ne les crée pas pour la passion politique du moment : elle fonde pour les siècles. Le droit est sa base, le bonheur de tous son but : elle n'ajourne pas ce qui doit être, car elle sait que les espérances déçues, les attentes forcées éclatent tôt ou tard en révolutions.

C'est en suivant sa voie, que je propose la réglementation des droits des propriétaires dans leur relation avec ceux des fermiers et locataires. Comme le capital mobilier, le capital immobilier, élément principal de la production, doit être soumis à des lois qui dérivent de sa nature. La propriété est sacrée; mais comme elle n'est pas la richesse, comme elle n'est qu'un de ses instruments, elle ne doit pas régner en despote. Le droit d'user *et d'abuser*, inscrit dans le Code romain, avant de passer dans le nôtre, n'a pu être que l'expression d'une société oligarchique dans laquelle le patricien ne voyait autour de lui que des esclaves. Celui qui féconde par ses sueurs un sol stérile a des droits aussi, puisqu'il produit; et c'est de ses droits, combinés dans une juste mesure avec ceux du propriétaire, que sortira pour tous une richesse nouvelle, enfantée par la sécurité respective de la propriété et du travail.

Je n'ai indiqué qu'une partie de mon système. Dans des publications successives, j'en continuerai l'exposé en développant la règle, et, selon moi, la loi qui doit présider désormais à l'éducation de l'homme, à la direction de sa jeunesse, au repos de ses derniers jours. Tous les services publics, tout ce qui a une influence directe ou indirecte sur les destinées d'un peuple, armée, magistrature, cultes, hospices, théâtres; tout ce qui doit exercer une action vitale sur les relations des citoyens en détruisant les causes d'irritation qui les divisent, en resserrant les liens de solidarité destinés à les unir, a été l'objet de longues méditations, et la formule est prête. C'est le gouvernement tout entier, je ne me le dissimule pas; et ma conviction profonde est que c'est ainsi que la science doit venir en aide au pouvoir.

J'ai dû commencer l'édifice par sa base, et j'ai posé comme principe de l'organisation nouvelle :

*Le droit de tous au capital.*

Comme moyen d'accession à l'exercice de ce droit :

*La constitution des sociétés des familles;*

*Les banques unitairement dirigées;*

*La liquidation légale de l'État et des citoyens.*

Comme conséquence renfermée dans le principe :

*Diminution successive, diminution prochaine des entraves au travail, consommation, c'est-à-dire assimilation des produits aux besoins moraux et matériels de l'individu, multiplication des richesses.*

Comme but :

*Solidarité, moralité, bien-être, longévité.*

En présence de ce but à atteindre, je n'ai vu que le devoir à accomplir. Le public, souverain juge, appréciera les moyens.

# EXPOSÉ DES MOTIFS

## de la Loi de la Société des Familles.

---

« Ainsi, après une longue suite de siècles, le droit *de* « *vie* et *de mort* fut restreint à celui d'une correction mo- « dérée. »

En lisant ces lignes, en comparant les temps qu'elles rappellent avec ceux où nous vivons, on sent son genou fléchir, sa tête s'incliner devant l'auteur vénéré des progrès des sociétés modernes, devant celui qui le premier proclama la charité comme l'accomplissement de la loi divine, et ordonna aux hommes de s'aimer parce qu'ils étaient frères.

Avant lui, après lui, là où la lumière émanant de ses rayons n'avait pas brillé, l'homme avait le droit de vie et de mort sur l'homme. Le *droit !*... oui le droit, consacré, d'éteindre la flamme de la vie comme on éteint une torche importune. Et... était-ce le maître qui tenait ainsi dans sa main la vie de son esclave?

Lisons encore quelques lignes, à dessein transposées, pour que l'esprit puisse arriver par degrés à cette monstruosité qu'on appelait le droit. « Le père pouvait, sous « cette législation, charger de fers *son fils*, il *pouvait le* « *vendre*, il *pouvait le tuer*. » (Réal.)

Et le fils n'échappait pas par le mariage à cette paternité farouche. Il fallut une loi de Numa pour décider que le père ne pourrait vendre le fils qui se serait marié avec son consentement.

Voilà quelle était la famille dans ces temps appelés héroïques, et je demande aux plus impitoyables détracteurs de l'époque actuelle si c'est à ce despotisme brutal qu'ils voudraient remonter. Rome, cette ville éternelle, transmit ses lois aux peuples qu'elle avait vaincus, et malgré l'influence puissante des doctrines du christianisme, la législation française, selon l'auteur que nous avons déjà cité, « conserva longtemps les traces de sa sauvage origine. »

La personne du fils, ses enfants, ses biens, tout appartenait au père de famille, à moins qu'il ne lui plût d'émanciper son fils. Ce qu'une pareille puissance inspirait de crainte révérentielle aux enfants, elle l'enlevait à l'affection. C'était l'obéissance passive, tant que la nécessité impérieuse en faisait un devoir; c'était l'esprit de révolte, le besoin de liberté, l'oubli, dès le moment où la *chose* humaine pouvait échapper à son maître.

La révolution française, qui brisa tous les jougs, ne pouvait respecter celui-là. Elle fit de la puissance paternelle la plus sacrée de toutes les magistratures, une autorité bienfaisante et tutélaire se manifestant par les conseils de l'expérience et toutes les sympathies de la protection. Elle la fonda sur l'amour paternel et la piété filiale.

Ces sentiments, que la nature a gravés au fond des cœurs, n'ont pas besoin aujourd'hui d'être excités. La sympathie ne s'affaiblit pas en s'étendant, et l'esprit de charité, de fraternité, qui s'est développé dans les masses, est loin d'avoir nui aux affections de famille. Mais, à côté de la liberté d'agir, dont l'heure sonne chez l'homme dès le moment où son intelligence, prématurément éveillée, semble lui ouvrir l'accès de toutes les carrières, un fait brutal, le plus puissant de tous les dissolvants, le pousse dans tous les hasards de la société. Ce fait, ce dissolvant, dans la plupart des familles, c'est la misère.... Quand le père, accablé par le poids des plus rudes travaux, rentre avec un salaire modique, à peine suffisant pour le pain de chaque jour, ses enfants se demandent si les bras robustes de leur jeunesse ne doivent pas chercher dans l'atelier des grandes villes le bien-être que la famille ne leur donne pas. Alors tout est perdu; car, pendant qu'un travail abrutissant consume leurs forces, pendant que le jeune homme, la jeune fille sont livrés, sans protection, sans défense, à tous les entraînements de l'âge, à toutes les spéculations de la cupidité, le père infirme et la vieille mère languissent oubliés.

Ce qu'une situation pareille entraîne de désordres dans toutes les classes de la société fait mal à calculer. Mais ce n'est pas au moment où le concours de tous cherche avec ardeur et prépare avec dévouement les destinées nouvelles ouvertes devant le pays, qu'il faut désespérer de la famille. Si la plaie là est plus profonde, nous l'avons sondée avec courage, et nous avons foi dans les moyens que nous indiquons pour aider à la guérir. Attirez la nature humaine par l'instinct de son intérêt, et vous la verrez suivre, pour conquérir le bien-être attendu, la voie que vous lui aurez tracée. Il n'y a pas de mauvais penchant que vous ne transformiez en une passion utile, en le dirigeant habilement vers l'aliment qu'il cherchait en s'égarant. N'oublions jamais le mot si naïf de Cosme de Médicis : « Avec deux aunes de drap fin, je fais un honnête homme. »

Il y a en France, autour des grands centres de production, une population ouvrière, là saine, forte, aisée, heureuse, — plus loin souffrante, portant de bonne heure le stigmate d'un travail dévorant, vivant dans la détresse, presque toujours prête à la révolte, tant sa situation est cruelle. N'avez-vous pas trouvé le mot de cette différence? Partout où la misère attristera vos regards, dites hardiment : Là est l'atelier, c'est-à-dire la désertion de la famille, l'agglomération des machines humaines fonctionnant dans l'intérêt du capital. Partout, au contraire, où le travail se fait dans la famille, vous reconnaîtrez au premier aspect de la demeure du travailleur les signes de sa modeste aisance.

La question est jugée, et il n'y a pas d'appel contre les faits tristes ou terribles qui viendraient justifier la vérité de notre observation. Mais le bien-être partiel, isolé, de ces petits centres d'activité qu'on appelle la famille, aujourd'hui que tous les citoyens sont appelés à la vie publique par l'exercice du droit souverain, ne peut suffire au sentiment d'expansion qui doit dominer désormais les relations sociales. Le contact des hommes, liés par des intérêts communs, par des convictions partagées, élève les faibles au niveau des forts, fait circuler autour de tous cette bienveillance constante qui ne permet plus à l'hostilité de trouver sa place, et fait de toutes ces volontés ce faisceau que la poésie nous présente comme le symbole de la force, parce qu'il est celui de l'union.

Nous n'ôtons pas au père, à la mère, le droit que leur donne un titre sacré. L'éducation domestique, la surveillance de leurs enfants ne cessent pas d'être un de leurs devoirs. Mais, à la place qu'il occupe, le chef d'une famille n'est pas toujours apte à juger de la direction que doivent prendre les travaux auxquels il se livre, de l'extension à donner à l'industrie qu'il exerce. Mais lui et sa compagne n'ont ni le loisir ni l'intelligence de sonder l'aptitude de leur enfant, et l'expérience nous apprend quelles déceptions amères traîne à sa suite le choix, déterminé par le hasard, d'une profession à laquelle on n'était pas appelé. C'est pour prévenir ces malheurs, qui ne s'arrêtent jamais à un résultat individuel, que nous avons créé des *Conseils des Sociétés des familles*, chargés d'examiner mûrement, au point de vue de l'ensemble, la direction qui rendra telle industrie ou tel travail profitable à la masse. C'est le concours impartial, éclairé de ces tuteurs de la société, que le chef de famille sera dans l'heureuse nécessité d'invoquer. C'est à eux qu'est confiée la mission si grave, si élevée, de désigner aux banques l'homme qui, par sa moralité, sera digne de l'exercice du droit au capital. Ces fonctions, toutes d'honneur, n'auront jamais rien de redoutable pour la probité, l'ardeur au travail, la bonne foi. Avec les liens qui uniront entre eux tous les membres d'une société, avec la facilité de réclamation accordée à tous comme un droit qui n'a pas besoin d'être écrit, l'erreur ne sera pas possible, et si l'arbitraire tentait de se glisser dans l'esprit de l'un des membres du conseil, il rencontrerait comme obstacle invincible l'opposition de ses collègues, et en perspective l'anéantissement du titre dont la confiance de ses concitoyens l'aurait investi. L'élection, c'est la lance d'Achille qui guérit les blessures qu'elle a faites, et le suffrage universel a banni pour jamais les scandales de la monarchie.

Ainsi, pour première base du système que nous proposons, la *loi de la Société des familles*, destinée à épurer la morale, à maintenir dans la voie de l'honneur les instincts honnêtes, en donnant à chaque aptitude l'instrument du travail acquis par la probité. Ainsi, la récompense du travailleur, dévoué à son devoir, se trouvera dans son droit au capital; et nous croyons que ce lien établi entre l'intérêt et la vertu, placés jusqu'à présent dans un antagonisme fatal, sera la source inépuisable d'un bonheur qui ne sera plus le partage d'un petit nombre de privilégiés.

---

# LOI DES SOCIÉTÉS DES FAMILLES.

ARTICLE PREMIER.

Aussitôt que, conformément à l'art. 17 de la loi des banques, ces établissemens auront organisé leur service, les préfets donneront ordre aux maires des villes et des chefs-lieux de cantons, de faire connaître, par toutes les voies de la publicité, les dispositions de la loi des banques, afin que les citoyens majeurs qui pourraient vouloir user des droits déterminés par les articles 41, 42, 44, 45, de ladite loi, se fassent inscrire à la mairie comme membres de la société des familles.

ART. 2.

Dans les villes ou cantons il sera formé, au moins, une société des familles par chaque justice de paix.

ART. 3.

Le nombre des membres composant une société des familles ne dépassera pas deux mille.

ART. 4.

Si les habitants d'une circonscription de justice de paix sont assez nombreux pour qu'il soit créé plusieurs sociétés des familles, la division sera faite par commune ou quartiers.

ART. 5.

Une société des familles sera constituée, lorsque le nombre de ses membres s'élèvera à cent.

La mère de famille, devenue veuve, pourra faire partie de la société; elle sera par là même éligible au conseil de la société.

ART. 6.

La société, sur l'avis qui en sera donné par le maire, se réunira, le premier dimanche du mois qui suivra la constitution, à la mairie du chef-lieu ou dans une salle désignée à cet effet, et les réunions continueront à avoir lieu le premier dimanche de chaque mois.

ART. 7.

Le maire ou l'un des adjoints présidera les réunions des sociétés des familles.

ART. 8.

La première réunion aura pour objet de nommer, à la majorité, les membres de la société qui en formeront le conseil.

ART. 9.

Quand le nombre des membres de la société ne s'élèvera pas à deux cents ou ne dépassera pas ce chiffre, le conseil de la société des familles sera composé de cinq membres. Deux membres seront nommés, à mesure que le nombre des associés sera élevé de cent membres.

ART. 10.

Le conseil de la société des familles sera élu, chaque année, le premier dimanche de juin. Les membres sortants pourront être réélus.

ART. 11.

Les conseils des sociétés des familles auront pour mission de se réunir, chaque quinzaine, pour délibérer sur la direction à donner à l'industrie et au travail des familles attachées à la société.

ART, 12.

Ils seront appelés sur la proposition de l'un d'eux, ou sur la demande d'un des chefs de famille, à émettre leur avis sur la carrière à donner aux enfants.

ART. 13.

A défaut par la famille d'avoir pris l'avis des conseils, son chef pourra être privé des droits énoncés dans les art. 40, 41, 42 et 43 de la loi des banques.

ART. 14.

Les conseils de la société des familles favoriseront, autant qu'il sera en eux, le rapprochement des familles entre elles, ramèneront les membres des familles à l'union et au respect pour leurs chefs naturels.

ART. 15.

Les difficultés, de toute nature, qui éclateraient entre les citoyens, leur seront soumises avant d'être portées devant le juge de paix.

ART. 16.

Ils fixeront la mesure dans laquelle les membres des sociétés pourront user du droit au capital prévu par la loi des banques, articles 40, 41, 42 et 43.

ART. 17.

Deux sessions ouvertes, l'une le premier dimanche de janvier, l'autre le premier dimanche de juillet, seront consacrées par le conseil, en présence des chefs des familles appelés, à dresser le compte rendu de la situation de la société, du crédit dont elle usera, des résultats obtenus, des progrès réalisés.

Ce rapport sera adressé par le maire au préfet du département, qui le transmettra au ministère de l'intérieur, où il en sera fait un travail général qui sera imprimé et adressé à toutes les sociétés des familles.

ART. 18.

Seront de droit membres du conseil des familles, les individus qui, malgré leur libération légale, auront acquitté volontairement les dettes par eux contractées dans le passé.

Ils entreront, chaque année, pour un quart dans la composition du conseil, et par ordre d'inscription.

ART. 19.

Sont exclus des conseils des sociétés des familles, les hommes qui n'auront pas acquitté leurs dettes, en tout ou en partie, dans la proportion de leurs facultés dûment vérifiées.

# DU CRÉDIT.

---

L'unité comprise dans toute son acception, n'est autre chose que le résumé de la solidarité; elle est le seul moyen véritablement puissant pour agir sur les destinées de l'humanité.

L'unité, principe de l'organisation du crédit et des banques, aurait pour effet la concentration du numéraire et cependant sa décentralisation par sa distribution dans la mesure du droit, de la solvabilité, de la moralité, de l'intelligence, déterminée conformément à la loi.

Les banques, ainsi constituées, seraient aux sociétés modernes, ce qu'est le cœur à l'organisme humain.

Le cœur sans cesse reçoit le sang préparé par les organes de la vie; il le perfectionne, il complète sa puissance, et sans cesse il le renvoie à toutes les parties du corps humain.

De même que la nature, comme condition de l'existence, a fait que le sang vient se réunir au cœur, de même la loi, comme condition absolue de l'organisation logique des sociétés, de leurs progrès, doit faire que le numéraire, richesse du capitaliste, accumulation de l'industriel, épargne du travailleur, denier du pauvre, se réunisse dans les banques qui, par leur action unitaire, ayant ajouté à sa puissance, le renverraient sans cesse au travail, à la production, à la vie sociale.

Les banques sont de création moderne. Law, ce génie financier, en est en quelque sorte le créateur; le premier il a compris quelle devait être sur les destinées humaines l'influence du numéraire unitairement organisé.

Le système de Law est une admirable conception financière; il ne fut pas compris, il échoua.

Il n'est pas donné au génie même de transformer immédiatement et sans transition les conditions de l'humanité.

L'unité financière du système de Law, qui aurait conduit à la solidarité humaine dans ses intérêts matériels, ne pouvait être réalisée avant que la liberté individuelle, conquise et pratiquée, eût justifié l'impuissance de l'individualisme.

Depuis un siècle, les banques se sont multipliées.

Elles sont des entreprises privées, un droit exclusif au profit d'un petit nombre.

Les gouvernements qui ont concédé le privilége des banques, le droit exorbitant de battre monnaie, d'exercer par le crédit une énorme influence sur l'industrie, le commerce, le travail, ont eu la pensée que la loi les maintiendrait dans des limites déterminées; il n'en a pas été ainsi.

Les banques sont des gouvernements dans les gouvernements; elles pèsent sur l'activité humaine, elles éludent sans cesse la loi en vertu de laquelle elles existent, aussi sont-elles impuissantes à résister aux crises qui les atteignent; en 1848, sans la loi qui donna cours forcé à ses billets, la banque de France aurait suspendu ses payements.

Les crises qui se renouvellent, en quelque sorte périodiquement, ont démontré que l'action de la volonté individuelle sur l'activité donnée au numéraire était l'une des principales causes des désastres financiers qui accablent les peuples et la preuve évidente de l'insuffisance des banques.

La chambre des députés, en 1840, lorsqu'il s'agissait de la prorogation du privilége de la banque de France, reconnaissait la gravité de la question qui s'agitait; mais aussi les débats établissaient que la législature était insuffisamment éclairée sur la pratique du crédit, sur les phénomènes qu'il présente, sur les causes qui le développent ou l'entravent.

Il en advint que le privilége de la banque fut prorogé sous conditions nouvelles, que l'on ne se préoccupa pas des progrès de l'industrie, du développement de la production pendant quarante années.

Les lois du crédit sont si peu comprises que la banque de France est encore, aux yeux d'un grand nombre de citoyens, considérés comme éminents, l'arche sainte à laquelle il n'est pas permis de toucher.

La banque de France, créée en 1804, fut ce qu'elle devait être, une institution transitoire, puisqu'alors l'unité, la solidarité dans le crédit n'étaient pas comprises; un privilége, puisqu'alors il convenait au maître de rétablir les priviléges; une entreprise individuelle, puisqu'alors l'esprit humain était dans cette voie.

Instituée pour commanditer la production, abaisser le taux de l'intérêt, prêter au commerce et à l'industrie, la banque de France a manqué à toutes les lois de sa création, car non seulement elle ne commandite pas, mais partout où elle étend son action, elle devient un obstacle à la commandite; — car l'intérêt n'a point été abaissé; — car elle ne prête ni au commerce ni à l'industrie.

Elle ne prête qu'aux banquiers, et semble n'avoir eu d'autre destination que de créer une foule de ces intermédiaires, dont elle impose la signature à l'industrie, sangsues qui aspirent la plus claire, la plus nette portion de ses bénéfices, agioteurs de bourse, joueurs audacieux, sans scrupules, sans autres pensées que celles d'acquérir à tout prix de l'argent, qui, dans nos mœurs corrompues, leur donne de la considération et les élève dans l'ordre social.

Le privilége des banques doit être considéré comme nul. S'il en était autrement, le gouvernement ne pourrait organiser le crédit unitaire, par conséquent constituer la prospérité publique.

Les banques anglaises ont beaucoup d'analogie avec la banque de France; le capital constitutif de la banque de Londres est de 350 millions de francs.

Les banques d'Ecosse sont nombreuses; elles prêtent à toutes échéances, à toutes solvabilités, à toutes industries, à la moralité; elles s'accommodent de manière à ce que le numéraire se trouve partout où il peut être utilisé; elles ont des comptoirs nomades. Si les banques d'Ecosse avaient entre elles des liens d'unité et de solidarité, si elles étaient soumises aux mêmes réglements, elles se rapprocheraient de la formule que j'indiquerai : leur péril consiste dans la concurrence qu'elles se font.

Les possesseurs des immeubles ne sont pas plus favorablement traités lorsqu'ils ont besoin de recourir au crédit. Le prêt hypothécaire n'est pas moins ruineux que le prêt des banquiers : les frais d'enregistrement, d'inscription, de copie, de certificats, les honoraires du notaire, la commission et autres charges s'élèvent à 4 ou 5 p. 100; l'intérêt annuel est ordinairement de 6 p. 100. Voici que pour la première année l'emprunteur est grevé de 10 ou 11 p. 100, c'est-à-dire en voie de ruine; car l'immeuble qu'il affecte comme garantie lui produit au plus 3 p. 100.

Ainsi, crédit chirographaire, crédit hypothécaire conduisent infailliblement l'emprunteur à sa perte, c'est-à-dire à un but diamétralement opposé à celui que l'on doit vouloir atteindre par le crédit.

Créditer doit avoir pour effet de constituer les richesses et d'améliorer la situation de l'emprunteur.

Prêter, c'est déléguer à la probité, à l'industrie, le droit de faire circuler le capital actif.

Ce sera là, à l'avenir, la haute fonction des banques dans l'Etat.

Avec leur organisation actuelle, elles ont fait du capital une véritable oligarchie, et de même que les oligarchies, il est impitoyable.

# EXPOSÉ DES MOTIFS

## DE LA LOI DES BANQUES.

---

Le devoir d'une révolution dont les tendances sont évidemment démocratiques, puisque sa première œuvre a été de décréter le suffrage universel, doit être de concentrer le numéraire dans des établissements financiers destinés à exercer, par une répartition qui serait à l'abri de la rapacité individuelle, une action bienfaisante sur le pays. Cette action aurait pour effet de solidariser moralement et matériellement les individualités en engageant les richesses dans le crédit, l'industrie, la production, le travail.

La loi des banques fixerait le chiffre de leurs capitaux constitutifs, de sorte que, réunis, ils soient au moins égaux au total du numéraire actif dans la circulation, dans les transactions.

Elle imposerait aux banques l'obligation de recevoir à intérêts et en compte courant les capitaux des citoyens.

Elle conférerait aux banques le privilége sur tous autres prêteurs contre leurs débiteurs. Ce privilége constitue la sécurité des capitaux engagés dans les banques.

Dans le milieu où nous vivons, il est difficile, il est ruineux d'emprunter, mais utiliser le capital accumulé, sans être exposé à le perdre, est plus difficile encore.

Les banques seraient les seuls prêteurs intermédiaires entre les individus dans les transactions d'argent qui sont les plus incompatibles avec la liberté.

La loi unirait aux banques les assurances des richesses périssables par les sinistres de toute nature, la direction des intermédiaires, les tontines, les prêts à viager, les monts de piété.

Le droit de déposer son argent à intérêt dans les banques rend inutiles les caisses d'épargne.

Elle obligerait les banques, gratuitement et en compte courant, à recevoir et à payer pour l'Etat; ce serait pour le pays une économie de plus de vingt millions.

L'organisation financière de la France correspond complétement à notre pensée organique des banques.

Les receveurs généraux aux chefs-lieux de département, les receveurs particuliers aux chefs-lieux d'arrondissement, les percepteurs aux chefs-lieux de canton semblent désignés à l'avance comme directeurs des banques et des succursales.

La fixation de l'intérêt du numéraire importe à tous les pays. Une grande différence dans le taux de l'intérêt chez les diverses nations pousse continuellement le numéraire à la recherche des avantages qu'il peut y trouver, et produit ainsi une perturbation permanente.

Les nations en viendront à se concerter pour déterminer le taux de l'intérêt.

En France, les banques étant organisées, l'intérêt ne dépasserait pas 5 p. 100, et il ne descendrait pas au-dessous de 3 p. 100.

Pour éviter que les crédités ne fussent soumis à l'arbitraire des conseils de crédit, la loi fixerait le *droit de tous au capital.*

Jusqu'à présent le travail honnête, l'industrie économe et intelligente, le génie, les richesses elles-mêmes, ne sont pas des éléments suffisants pour obtenir crédit.

Les banques, ainsi réglementées, résumeraient promptement dans leur action le fonctionnement des richesses actives ; les banques étant privilégiées sur tous les prêteurs, tous les citoyens ayant un droit au crédit, les transactions au comptant seraient substituées aux transactions à terme; ce qui aurait pour effet infaillible de ramener les productions à leur valeur réelle, celle qui représente le prix de revient, c'est-à-dire la matière première, le salaire, et l'intérêt du capital ; ce serait abaisser le prix des objets de consommation, par conséquent en multiplier l'usage, augmenter les quantités produites, le travail, les salaires, le bien-être.

Les transactions au comptant auraient encore pour heureux effet de diminuer considérablement le nombre des faillites.

Dans le crédit commercial il arrive de prêter des marchandises à des individus auxquels l'on ne prêterait pas d'argent.

L'exagération du crédit par marchandise est souvent déterminé par le besoin que le vendeur lui-même a de pouvoir négocier des valeurs bonnes ou mauvaises.

Si le crédit se faisait par numéraire seulement, et en conséquence du système unitaire des banques, la circonspection à créditer par espèces serait telle que les billets de complaisance et toutes ces friponneries plus ou moins habilement déguisées pour se procurer de l'argent auraient complétement disparu ; quel progrès moral !

L'esprit général de la loi des banques fera comprendre que créditer n'a pas d'autre but que de faire que l'on puisse immédiatement accomplir une entreprise industrielle ou commerciale, une amélioration du sol, des travaux d'utilité publique ou privée, pour la réalisation desquels, si le crédit n'existait pas, il faudrait attendre l'accumulation des capitaux ; procédé beaucoup trop lent.

Si les sommes prêtées par les banques, détenteurs de la totalité du numéraire, étaient immédiatement livrées à la circulation, les banques pourraient toujours prêter et ne réclamer de leurs débiteurs que dans la mesure de leur économie, de leur accumulation, puisque le prêt des banques, ou le droit qu'elles auraient délégué de faire circuler une portion du capital actif, aurait pour effet infaillible de faire rentrer dans les banques, par mille canaux, le numéraire qui en ressortirait sans cesse pour créer des richesses nouvelles. Mais alors les banques, comprenant leur véritable mission, se préoccuperaient beaucoup plus de déterminer les industriels honorables, les producteurs intelligents et les travailleurs honnêtes et économes à conserver les capitaux des banques, et même à en utiliser de nouveaux, que d'en réclamer le remboursement.

Les prêts directs aux producteurs faciliteraient la réserve des productions, lorsque l'abondance les multiplie au-delà des besoins immédiats de la consommation.

Nous estimons qu'en France les productions accumulées ne s'élèvent pas au tiers de la production totale. Cette réserve, à notre sens, est insuffisante ; ainsi les vins manquaient en 1846, les blés en 1847, et en recherchant quelle a été la quantité de ces produits dans les années abondantes, l'on reconnaît que si les producteurs avaient eu la possibilité de conserver ce qu'ils ont vendu à vil prix, ce qui a été mal employé, le prix des aliments ne se serait pas élevé outre mesure; il n'y aurait pas eu disette. Pouvoir, par le crédit, conserver les productions surabondantes, ce serait assurer la tranquillité publique.

Jusqu'à présent, le travail, l'industrie, le commerce ont pris, pour ainsi dire, à l'aventure une direction que ne réglementaient ni la connaissance des faits ni celle des lieux où la consommation devait s'opérer. Nous pourrions citer des exemples nombreux à l'appui de cette assertion.

Désormais, les banques, seuls prêteurs par compte courant, qui dirigeront le fonctionnement des intermédiaires, exerceront sur la production et ses débouchés cette tutelle active, éclairée qui leur a manqué jusqu'à ce jour.

Alors, l'on n'aurait plus la douleur de voir le génie se débattre contre la détresse, cherchant en vain des capitaux que l'individualité lui refuse, et succombant souvent en emportant avec lui le secret d'une découverte qui aurait changé les destinées du monde. Si l'énergie que la Providence accorde souvent au génie le soutient dans la tourmente, alors il subit les tortures que lui impose la cupidité, et il vit pauvre et humilié au milieu des hommes d'argent qu'il a enrichis.

Les noms des Ruolz, des Sauvage et tant d'autres se pressent sous ma plume. S'il m'était donné de contribuer à ce qu'ils fussent les dernières victimes immolées au capital, je croirais avoir rendu un grand service à mon pays.

Combien d'industries, de commerces, de fortunes territoriales, de richesses en capitaux auraient été conservés à leurs propriétaires, si les banques avaient opéré dans ce sens; alors plus de liquidations désastreuses, plus d'expropriations : les banques, seuls créanciers, se feraient autoriser à liquider, à vendre, et facilement, par les intermédiaires, elles trouveraient à substituer un industriel plus aisé, un capitaliste au possesseur endetté.

Les banques, par la direction qu'elles imprimeraient aux transactions, exerceraient une grande influence sur le prix des valeurs destinées à être vendues.

Les crises financières, la misère publique disposent les esprits aux réformes. Que les délégués du peuple sachent profiter de cette situation, et ils ne rencontreront pas de sérieux obstacles.

Il eût été fort difficile de faire accepter une loi nouvelle sur l'organisation des banques, lorsque la banque de France, en 1844, avait plus de 200 millions espèces métalliques en caisse, lorsque le pays et elle-même étaient convaincus de son inébranlable puissance.

Avec la prospérité, tout est au mieux; aujourd'hui, la situation financière fait comprendre la nécessité de réformer les banques.

En France, si la consommation était élevée au niveau qu'elle doit atteindre; si la circulation, l'activité du numéraire facilitaient une production qui correspondrait aux besoins de la consommation, le prêt des banques s'élèverait à des sommes fort importantes.

Les revenus nets du sol sont en proportion du capital engagé au développement de sa production. Le prix de location est généralement égal à 10 p. 100 de ce capital.

Une ferme de cent hectares en Beauce, en Brie, en Normandie, se loue 6 à 7,000 fr.; la valeur des bâtiments d'exploitation, des bestiaux, des instruments aratoires, du mobilier meublant, des récoltes en grains, légumes, pailles et fourrages, représentent 60 à 70,000 fr.; une ferme en Sologne, en Bretagne, en Limousin, de cent hectares, qui est louée 1,000 fr., a un capital engagé de 10,000 fr.

Le capital engagé à la production agricole, en France, ne dépasse pas, moyennement, 300 fr. par hectare. Si les produits du sol trouvaient des consommateurs, le capital engagé serait facilement porté à 1,000 fr. par hectare; alors les cultivateurs plus aisés deviendraient consommateurs, et les progrès de l'agriculture donneraient une impulsion considérable à l'industrie et au commerce.

Les remboursements des prêts faits par les banques en compte courant aux propriétaires seront calculés dans la mesure probable de leurs économies; les banques seraient substituées à l'action de l'épargne.

Le prêt par les banques, en compte courant aux propriétaires du sol, produirait un effet considérable et bienfaisant. Les frais de contrats supprimés, l'intérêt abaissé, le remboursement effectué avec l'augmentation de produit déterminée par le capital engagé, les propriétaires conduits à résider sur leurs terres pour surveiller l'engagement des capitaux qui leur auraient été prêtés, l'agriculture relevée de l'abaissement où elle est retenue par la privation du crédit, les familles manufacturières des villes ramenées à demander à la terre le bien-être qu'elle ne refuse jamais au travail, seraient les résultats de cette importante mesure.

La France possède une quantité de numéraire métal qui, normalement, suffit à tous les besoins de la circulation et des transactions; s'il était réuni dans les banques il serait surabondant. Cependant nous attachons une grande importance à ce que les billets créés par les banques soient promptement substitués dans la circulation au numéraire métal, qu'ils lui soient préférés non seulement à Paris, mais encore sur tout le territoire de la république.

Les payements en numéraire sont incompatibles avec une grande activité agricole, industrielle et commerciale.

Le papier-monnaie, les dispositions sur les banques sont les seuls moyens de régulariser des transactions importantes.

Les banques agiront avec toute leur influence pour que leur papier soit préféré au numéraire métallique;

La monnaie d'argent est favorable à la circulation du papier;

La monnaie d'or est inutile avec la création des banques;

Les billets de banque seront préférés à la monnaie métallique aussitôt qu'il sera reconnu que partout l'on échangera sans frais, sans perte, les billets contre leur montant en argent.

Pour que cet heureux résultat soit complétement atteint, il faut que le public soit convaincu que les caisses des banques contiennent la représentation en espèces du papier qui circule, et que ces espèces sont la propriété des banques, leur capital constitutif.

Donner aux banques la faculté de faire le commerce de l'or et de l'argent, c'est éviter pour l'avenir les graves perturbations que jettent sur les places les plus importantes, l'achat des matières d'or et d'argent, fait au seul point de vue de l'intérêt individuel.

Jusqu'à présent les individus par lesquels et pour

lesquels les choses ont et acquièrent de la valeur n'ont eux-mêmes en dehors de leurs richesses aucune valeur créditable.

Il faut en arriver à ce que dans les individus, il y ait sécurité pour le prêt.

La loi des banques; la loi qui détermine les droits des fermiers et locataires, et la réunion des citoyens dans les sociétés des familles, moralement solidaires, donneront la solution de ce problême.

Les banques deviendront les agents comptables des familles; elles payeront et recevront pour leur compte, et les avantages qui en résulteront seront tels, que les citoyens rechercheront avec empressement les situations qui permettront d'y prétendre.

L'unité des banques se résumera dans la direction, la tendance, l'action et les services que réciproquement elles se rendront.

La solidarité consistera dans la portion des bénéfices affectée à la réparation des pertes éprouvées par l'une ou l'autre banque, et à une répartition égale entre la totalité des actions de toutes les banques, et dans l'association entre toutes les banques pour les risques d'assurances et les bénéfices que donneraient ces entreprises.

Chacun des départements aura sa banque, qui agira sur la totalité du département avec une action indépendante. Il ne faut pas que le crédit soit soumis à une centralisation absolue.

Le numéraire qui ne sera pas utilisé par ceux qui le possèdent, ne trouvera emploi et sécurité que par les banques, dont l'activité incessante aura pour objet de livrer, dans la mesure de leur sécurité, le numéraire destiné à produire des richesses nouvelles.

La quantité du numéraire métallique en France s'élève à environ 1,600 millions; et cependant, depuis cinquante années en France, les prêts aux citoyens, à l'Etat, aux départements, aux communes, aux entreprises collectives, ont atteint le chiffre de 32 milliards. Où sont donc les espèces qui les représentent? Livrées au torrent de la circulation, elles ont accru la dette de l'emprunteur, multiplié les droits et les obligations; mais la masse du numéraire est restée la même.

Le prêt, qui absorbe l'homme et les richesses, quand

il devrait en faciliter l'essor, se pratique chez les nations civilisées avec une telle ardeur, une telle exagération, qu'il suffit d'un événement politique, d'une guerre, d'une mauvaise récolte pour que les emprunteurs ne puissent remplir leurs engagements. Alors, la terreur s'empare des créanciers : ils pressent et menacent leurs débiteurs, qui ne possèdent plus l'argent prêté, transformé, dépensé. Les mauvaises passions interviennent; les créanciers exproprient, c'est-à-dire qu'ils s'emparent des biens qui sont leur gage pour moins qu'ils ne valent. Les débiteurs sont ruinés; c'est une panique, un sauve qui peut général; chacun emporte sa bourse, et, dans la crainte de ne pouvoir la remplir, il se garde de la vider.

La consommation est arrêtée, la production inutile, le travail suspendu.

Alors le peuple écrit sur son drapeau : « Vivre en travaillant ou mourir en combattant ! » et les citoyens s'exterminent.

Le droit de prêter, abandonné aux individus, est l'une des principales causes des maux qui ont accablé et qui accablent encore l'humanité.

Si, il y a cinquante ans, les banques avaient été substituées aux individus, les dettes seraient la propriété des banques. Les économies des citoyens auraient été dirigées vers le sol et l'industrie, l'agriculture eût été améliorée, l'industrie perfectionnée, et une foule de gens qui vivent de l'usure auraient cherché le bien-être dans le travail, dans l'emploi de leur argent, auquel ils auraient ajouté le crédit des banques, dont les crédités pourraient user sans péril.

Le prêt ainsi pratiqué, la généralité des citoyens y aurait recours. Nous avons calculé que, dans un délai de vingt années, les dettes contractées par les citoyens envers les banques s'élèveraient, pour la France, l'Algérie et les colonies, à plus de 50 milliards qui, au taux de 4 p. 100, donneraient un revenu annuel de deux milliards, représenté par des richesses créées par le crédit, et dont le produit net annuel serait beaucoup plus considérable.

Une partie notable des bénéfices des banques serait réservée à l'Etat, et cette réserve dans les produits des banques s'élèverait promptement au niveau des besoins publics.

Le but que je prétends atteindre par l'organisation des banques serait l'abolition successive des impôts, c'est-à-dire la faculté pour chaque citoyen de consacrer à son bien-être tout le produit de son travail.

Les limites de cette publication ne me permettent pas de donner la loi complète des banques. J'en ai extrait ce qui concerne spécialement le système de crédit que j'indique.

# LOI DES BANQUES.

ARTICLE PREMIER.

Tout privilége attaché à l'établissement d'une banque est aboli. La loi qui l'a créé est abrogée.

ART. 2.

Quelle que soit la situation des banques, actuellement existantes, leur capital constitutif fait partie des banques nouvelles, dans lesquelles il entrera pour son chiffre nominal.

ART. 3.

Il est créé 85 banques, réparties sur le territoire de la république.

ART. 4.

L'une de ces banques prendra le titre de Banque parisienne; elle aura son siége principal à Paris : elle fonctionnera dans les départements de la Seine, de Seine-et-Oise et de Seine-et-Marne.

ART. 5.

Une autre prendra le titre de Banque de l'Algérie; elle aura son siége principal à Alger : elle fonctionnera dans toute l'Algérie.

ART. 6.

Chacune des autres banques prendra pour titre le nom du département dans l'étendue duquel elle fonctionnera; elle aura son siége au chef-lieu.

ART. 7.

Les banques seront constituées en société anonyme : leur durée est indéterminée.

ART. 8.

Le capital réuni des banques est fixé à la somme de seize cents millions, qui seront divisés entre elles selon l'importance des départements dans lesquels elles seront établies. Une loi spéciale déterminera le chiffre de cette attribution : cependant aucune des banques n'aura un capital constitutif moindre de cinq millions de francs. Celui de la banque parisienne sera de cinq cent millions au moins.

ART. 9.

Sur la proposition de l'un des représentants du peuple, le capital constitutif d'une ou de plusieurs banques pourra être augmenté par une loi.

ART. 10.

Le capital constitutif des banques sera divisé en actions nominales de cent francs.

ART. 11.

La direction suprême des banques appartient au gouvernement : une division spéciale sera organisée à cet effet au ministère des finances.

ART. 12.

Le capital constitutif de chacune des banques étant fixé, il sera procédé, comme il suit, à la répartition de ce capital :

ART. 13.

Des commissions, choisies au sein de l'Assemblée nationale, détermineront le droit proportionnellement afférent à chaque canton, en prenant pour base sa richesse particulière. Dans chaque canton, les électeurs, convoqués à cet effet au chef-lieu, nommeront dix délégués, qui opéreront la distribution de la somme attribuée au canton.

ART. 14.

Les citoyens auxquels le droit d'être actionnaire de la banque aura été départi seront débiteurs du montant de leurs actions, et placés envers la banque dans la condition du débiteur en compte courant.

ART. 15.

Les actions ne seront délivrées aux actionnaires qu'après qu'elles auront été intégralement payées.

ART. 16.

Le privilége des banques, pour le montant des actions, primera toujours tous autres créanciers sur la totalité des richesses de l'actionnaire. Les actions dont le montant n'aurait pas été versé resteront déposées dans les banques, où elles seront le gage des autres créanciers.

ART. 17.

Si le débiteur actionnaire opère sa liquidation, les actions des banques figureront à son actif pour leur valeur au cours.

ART. 18.

Les banques, sur l'ordre qui leur en sera transmis par le gouvernement, seront tenues d'organiser leur service dans les chefs-lieux d'arrondissement et de canton.

ART. 19.

Les banques, leurs succursales d'arrondissements, de cantons, seront installées par un inspecteur des finances; elles ne pourront fonctionner qu'après cette installation.

ART. 20.

Les banques émettront du papier-monnaie : un arrêté du ministre des finances déterminera dans quelle proportion cette émission aura lieu.

ART. 21.

Le papier-monnaie de toutes les banques de la République sera confectionné à l'hôtel des Monnaies de Paris, sous la responsabilité du directeur des Monnaies et la surveillance d'employés spéciaux.

ART. 22.

Le papier-monnaie de toutes les banques sera le même. Il portera le nom de la banque par laquelle il aura été émis.

ART. 23.

Les coupures du numéraire-papier seront de vingt-cinq francs, cent francs, cinq cents francs, mille francs, cinq mille francs et dix mille francs.

ART. 24.

Les actions des banques, les capitaux versés à intérêts dans les caisses des banques, ne seront, ainsi que les rentes sur l'Etat, saisissables, que dans les cas suivants : 1° lorsque la liquidation, la libération du propriétaire des actions ou capitaux, sera en voie d'être effectuée conformément à la loi; 2° lorsqu'il sera débiteur par compte courant envers les banques ou envers l'Etat, à quelque titre que ce soit.

## DES OPÉRATIONS DES BANQUES.

ART. 25.

Les opérations des banques consistent :

1° A prêter en compte courant, en vertu du droit qui résulte de la présente loi, et dans la mesure indiquée, aux propriétaires des richesses et aux membres des sociétés des familles, aux termes des articles 40, 41, 42 et 43;

2° A prêter en compte courant aux citoyens, membres des sociétés des familles, en dehors de leurs droits, sur la demande des conseils desdites sociétés, aux termes des articles 42 et 43 ;

3° A escompter des effets de commerce et à ordre ayant au moins trois signatures ;

4° A prêter en compte courant au gouvernement;

5° A recevoir gratuitement et en compte courant les revenus de l'Etat;

6° A payer gratuitement et en compte courant pour compte du gouvernement;

7° A recevoir de tous les citoyens en compte courant et à intérêt les sommes par eux déposées;

8° A tenir un compte courant pour tous les citoyens qui y auront droit, à encaisser, payer leurs dispositions, le tout gratuitement;

9° A tenir gratuitement une caisse de dépôts pour titres, lingots d'or et d'argent, monnaies étrangères; à prêter sur ces dépôts;

10° A faire le commerce de l'or et de l'argent, et le change des monnaies étrangères;

11° A créer et administrer des assurances à primes :

Contre l'incendie, pour les richesses mobilières et immobilières;

Contre la grêle, pour les productions de la terre et pour les valeurs mobilières et immobilières qui peuvent être atteintes par ce fléau ;

Contre les débordements des fleuves, rivières et torrents ;

Contre la mortalité des animaux ;

12° A créer des assurances contre les sinistres en mer, ainsi que sur les fleuves, rivières, canaux, chemins de fer et routes;

13° A créer et administrer les tontines ;

14° A constituer des rentes viagères contre remise d'espèces;

15° A établir, dans chaque chef-lieu de département et d'arrondissement, un mont-de-piété où il serait prêté sur gages à 4 p. 100 l'an, sans autres frais;

16° A organiser et diriger les intermédiaires qui président aux transactions entre le producteur et le consommateur, le vendeur et l'acheteur.

ART. 26.

Les assurances, les tontines, les monts-de-piété, les intermédiaires, dirigés par les banques, seront soumis aux règlements du gouvernement.

ART. 27.

Chaque année, l'Assemblée nationale déterminera par une loi l'intérêt que les banques auront à payer pour les capitaux qui leur seront versés en compte courant, et l'intérêt que les banques auront à recevoir de leurs débiteurs. Cette loi régira les conventions en cours d'exécution, ainsi que les conventions à intervenir; elle sera exécutée, pendant une année, du 1er janvier au 31 décembre.

ART. 28.

Les banques ne pourront posséder aucuns immeubles, excepté ceux dans lesquels elles seront installées.

ART. 29.

Le papier-monnaie des banques sera toujours échangé par elles, sans frais, contre le numéraire métal.

Les banques, dans des proportions et avec des avantages respectivement déterminés par leurs règlements intérieurs, échangeront le papier-monnaie des autres banques contre le numéraire métal.

ART. 30.

Les banques auront entre elles compte-courant à intérêt; elles encaisseront gratuitement, par elles-mêmes et leurs succursales, les valeurs sur leur département.

ART. 31.

Le découvert des banques entre elles sera déterminé par le conseil général des banques : il sera l'objet d'une convention écrite.

ART. 32.

Toutes les banques, dans la proportion de leur capital constitutif, seront associées pour les bénéfices et les pertes qui résulteront des assurances.

ART. 33.

Les banques ne pourront accorder crédit par compte courant aux citoyens qui n'auront pas opéré leur liquidation, leur libération.

ART. 34.

S'il arrivait que des citoyens non libérés demandassent crédit aux banques, avis en serait donné par les journaux, par affiches, par lettres recommandées adressées aux créanciers inscrits.

Cette demande de crédit donnerait droit aux créanciers d'exiger la liquidation de leur débiteur; elle serait effectuée d'après les termes de la loi.

ART. 35.

Si les créanciers, dans le délai de deux mois, ne demandaient pas légalement la liquidation de leurs débiteurs, alors les banques pourraient accorder crédit par compte courant.

ART. 36.

Tout crédit aux citoyens liquidés et libérés se ferait par compte courant, et non autrement.

ART. 37.

A compter du jour de la promulgation de la présente

loi, tous prêts faits par les banques en compte courant auront privilége, avant tous autres créanciers, sur la totalité de l'actif des débiteurs des banques.

ART. 38.

Les citoyens qui auront obtenu crédit par compte courant déclareront à quel usage ils le destinent.

ART. 39.

Les banques surveilleront l'emploi du crédit par compte courant, et, s'il n'est conforme aux déclarations du crédité, elles pourront, sur la proposition des directeur et sous-directeur, retirer le crédit, réclamer immédiatement les sommes versées, et le crédité perdra son droit au capital actif des banques.

ART. 40.

Tous citoyens liquidés dans leur fortune, libérés dans leur personne, et qui seront dans les conditions indiquées aux articles 41 et 42, auront droit à un crédit par compte courant;

Les propriétaires d'immeubles, jusqu'à concurrence de 35 p. 100 de leur valeur;

Les propriétaires de richesses mobilières, jusqu'à concurrence de 20 p. 100 de leur valeur.

Ces valeurs seront déterminées par trois arbitres juges désignés conformément à la loi de liquidation.

ART. 41.

Les citoyens majeurs qui seront membres d'une société des familles, sur l'avis qui en serait donné aux banques par le conseil de ladite société, auront droit au crédit jusqu'à concurrence du prix de leur travail pendant une année.

Le conseil de la société des familles fixera la mesure dans laquelle les citoyens useront du droit qui leur est conféré par le présent article.

ART. 42.

En dehors des droits qui résultent des articles précédents, il ne sera accordé de crédit en compte courant qu'aux membres des sociétés des familles.

La demande en sera adressée au conseil par le citoyen qui voudra l'obtenir, en indiquant la cause de sa demande et l'usage auquel il le destine.

Le conseil des familles, après en avoir déterminé la quotité, transmettra cette demande aux banques, qui, dans le cas de l'admission au crédit, en donneront avis au crédité.

ART. 43.

Le citoyen, auteur d'une découverte importante ou d'une œuvre dont la supériorité serait reconnue, aura le droit d'adresser une demande de crédit à la société des familles dont il sera membre, laquelle, dans le cas d'admission, transmettra la demande au ministre de l'intérieur.

Sur son rapport, l'assemblée nationale statuera.

ART. 44.

La société des familles sera moralement responsable de la non-exécution des engagements contractés par ses membres qui, sur la demande de son conseil, auraient obtenu crédit en compte courant.

ART. 45.

Dans le cas où les membres des sociétés des familles ne rempliraient pas leurs engagements, les banques, sur l'avis de leur conseil général, des directeurs, sous-directeurs et chefs d'escompte, pourraient être autorisées par décision du ministre des finances à retirer à la société des familles tout crédit, et à exiger des crédités le remboursement des avances antérieurement faites.

ART. 46.

Les directeurs, sous-directeurs, chefs d'escompte et caissiers principaux des banques et de leurs succursales, seront nommés par le ministre des finances.

ART. 47.

Les appointements de ces fonctionnaires seront fixés par une loi et payés par les banques.

ART. 48.

Ces fonctionnaires, excepté le directeur et le sous-directeur de la banque du chef-lieu, seront tenus de fournir un cautionnement suffisant pour garantir leur gestion.

ART. 49.

Les banques, leurs succursales et comptoirs, seront inspectés par des fonctionnaires nommés à cet effet.

## Bénéfices.

ART. 50.

Les actions auront droit à un intérêt de 5 p. 100 l'an et à 10 p. 100 dans les bénéfices nets. L'inventaire semestriel sera clos aux 1er janvier et juillet de chaque année ; intérêts et dividendes seront distribués, sur présentation de titre, les 15 janvier et 15 juillet.

ART. 51.

Après le prélèvement des frais et de l'intérêt fixé à l'article 50, les bénéfices nets qui ressortiront des crédits et de toutes autres affaires qui feront partie intégrante des banques seront attribués, savoir : à l'Etat 80 p. 100, aux actionnaires 10 p. 100, et 10 p. 100 seront réunis comme constitution de la solidarité des banques pour être affectés, chaque année, à couvrir les pertes qui auraient atteint le capital des banques. Si les pertes n'étaient pas couvertes par les 10 p. 100 dans les bénéfices d'une seule année, ceux des années suivantes y seraient consacrés. Si ces bénéfices n'étaient pas utiles à l'usage auquel ils sont destinés, ils seraient divisés entre les actions de toutes les banques, et distribués au 15 janvier ou juillet suivant.

ART. 52.

Les 80 p. 100 qui sont réservés à l'Etat dans les bénéfices des banques, article 51, seront portés à son compte courant, les 15 janvier et 15 juillet.

## Conseil supérieur du Crédit public et des Banques.

Quarante représentants du peuple, désignés par l'assemblée nationale, composeront le conseil supérieur du crédit et des banques.

Les attributions de ce conseil seront déterminées par une loi.

## Conseil général des Banques de la République.

Le conseil général des banques de la République sera composé des membres du conseil supérieur du crédit public et des banques, du directeur ou sous-directeur, d'un membre du conseil général de chacune des banques des départements et de l'Algérie, de six membres du conseil de la banque parisienne, de ses directeur, sous-directeur, chef d'escompte et caissier principal.

Le conseil général des banques se réunira, chaque année, le 20 juillet, à Paris, dans l'une des salles de la banque parisienne.

Le ministre des finances présidera le conseil général des banques.

Le chef de la division des banques au ministère des finances y assistera avec voix consultative.

Le secrétaire du conseil supérieur du crédit et des banques résumera, dans un rapport, les travaux de ce conseil.

Le conseil général des banques, représentant tous les intérêts financiers, proposera toutes les mesures ayant pour but d'améliorer par le fonctionnement des finances les conditions de la société.

# EXPOSÉ DES MOTIFS

## de la loi relative aux droits des Fermiers et Locataires

### SUR LES IMMEUBLES QU'ILS EXPLOITENT.

---

Les hommes, en possession de la liberté individuelle, sont conduits à examiner quels sont les devoirs et les droits des citoyens envers les citoyens, et quelle est leur influence sur la société. Ils commencent à comprendre que la pratique de quelques-uns de ces droits n'est pas compatible avec la liberté.

Aussi, depuis février, avons-nous vu s'agiter la question si brûlante du droit le plus important de tous, du droit de propriété.

Quelques socialistes, plus ou moins convaincus des inconvénients attachés à la manière dont ce droit est pratiqué, n'ont rien trouvé de mieux que de le supprimer entièrement.

Nous, qui sommes convaincus que les sociétés modernes ne peuvent être réorganisées que pacifiquement, par conséquent en respectant le droit de propriété, nous demandons que le capital qui n'est pas utilisé par son propriétaire soit soumis à des lois. Nous avons formulé notre pensée à l'égard du numéraire du capital actif.

Mais le capital immobilier, principal élément de toute production, par conséquent du travail et de la richesse publique, doit aussi être astreint à des lois qui détermineront certains droits au profit des fermiers et locataires.

Les droits de la propriété sont sacrés; mais n'est-il pas équitable que ceux qui consacrent leur fortune, leur intelligence, leur travail à exploiter, à féconder les immeubles dont ils payent la rente aux propriétaires, aient, eux aussi, des droits incontestables?

La loi donnerait aux fermiers et locataires droit à la jouissance indéfinie des immeubles qu'ils exploitent. Ces droits seraient combinés avec certains avantages réservés aux propriétaires.

La richesse publique recueillerait des fruits considérables de ce système.

L'intérêt de l'exploitant serait uni à celui de l'immeuble. Si le fermier du sol, qui serait dans les conditions prévues par la loi qui détermine ses droits, qui payerait régulièrement ses fermages, ne pouvait être expulsé de la ferme qu'il exploite, il aurait intérêt à maintenir ses champs dans un bon état de production. Au contraire, dans la situation actuelle, un fermier, quelques années avant la fin de son bail, incertain qu'il est de son renouvellement, épuise ses terres : il consacre les trois dernières années de sa jouissance à leur retirer la fécondation qu'il leur avait donnée. Il faudra trois années au moins au fermier son successeur pour reconstituer la fertilité du sol.

Les baux à ferme, en France, se consentent pour neuf années au plus. Les deux tiers de la durée du bail sont consacrés à épuiser et à féconder le sol.

Cette singulière situation occasionne des pertes fort importantes qui n'atteignent pas moins le propriétaire que le fermier.

Il en est de même pour les locataires des maisons. Les industriels des grandes villes, de Paris, par exemple, s'ils ne peuvent s'entendre avec les propriétaires pour le renouvellement des baux, font en sorte de déplacer la clientèle qu'ils ont constituée. Souvent ils ne peuvent y réussir; alors ils subissent la loi du maître. Il y a telles industries qui payent le renouvellement d'un bail 10, 20, 50, 100 mille francs même. Alors c'est le propriétaire qui recueille le fruit du travail de l'intelligence et souvent du capital de son locataire.

Cette situation est un élément de haine dont les lois doivent désormais préserver la société.

La loi que nous proposons ne sera possible que lorsque les fermiers et locataires, de même que les autres citoyens débiteurs, seront en mesure de liquider leur situation avec leurs propriétaires, et d'être placés enfin dans des conditions normales dont l'exécution soit possible.

Cette loi aurait principalement pour effet de déterminer les propriétaires à exploiter eux-mêmes leurs immeubles, ce qui ajouterait considérablement à la prospérité des richesses immobilières. La crainte de ne pouvoir plus disposer de leurs propriétés conduirait à travailler, utilement pour eux et leurs familles, une foule d'oisifs qui encombrent les villes, où ils sont des élémens redoutables de désordres.

# LOI QUI RÈGLE LES DROITS DES FERMIERS ET LOCATAIRES.

ARTICLE PREMIER.

Tous fermiers, tous locataires ont droit ou de résilier leurs baux ou de faire déterminer, par une estimation arbitrale, la valeur locative des immeubles qu'ils tiennent à ferme ou à loyer.

ART. 2.

Ce droit des fermiers ou locataires leur est accordé pour une année seulement, à compter du jour de la promulgation de la présente loi.

ART. 3.

La valeur locative sera estimée, par trois arbitres juges, de la manière indiquée à la loi de liquidation.

ART. 4.

Les baux ainsi réglementés auront une durée de quatre années, en prenant pour point de départ l'époque fixée par l'usage pour l'entrée en jouissance des fermiers et locataires.

ART. 5.

Les fermiers de propriétés rurales, les locataires qui tiennent à loyer la totalité d'une usine, d'une maison, s'ils sont membres des sociétés des familles et s'ils ont payé par avance six mois de fermage ou loyer, auront droit aux avantages qui résultent de la présente loi.

ART. 6.

Tous baux à ferme ou à loyer, quelle que soit leur durée, qui, à compter de la promulgation de la présente loi, seront consentis à des fermiers ou locataires qui seront dans les conditions prévues par l'art. 5 qui précède, seront soumis aux prescriptions de cette loi.

ART. 7.

Les fermiers ou locataires, dans la condition de l'art. 5, une année avant l'expiration de leur bail, auront droit de signifier aux propriétaires qu'ils conserveront la jouissance de l'immeuble qu'ils exploitent, pour dix années encore.

ART. 8.

Les fermiers et locataires ne pourront user de ce droit de prolongation de bail que s'ils ne sont pas endettés envers les propriétaires.

ART. 9.

Les fermiers et locataires ne pourront prétendre au droit de prolongation de leur bail qu'à la condition d'offrir aux propriétaires une augmentation de fermages ou loyers, pour chacune des dix années, durée du nouveau bail. Cette augmentation, par année, sera au moins de 3 p. 100 du prix net du bail.

ART. 10.

Les fermiers et locataires qui voudraient profiter de la présente loi le signifieront, au moins une année avant le terme du bail courant, aux propriétaires, par acte extra-judiciaire.

ART. 11.

L'acte de signification spécifierai le chiffre de l'augmentation offerte par les fermiers ou locataires.

ART. 12.

Si les propriétaires jugeaient convenable de ne pas accepter l'augmentation de fermages, ils le déclareraient aux fermiers ou locataires, par acte extra-judiciaire.

ART. 13.

Par ce même acte, les propriétaires offriront aux fermiers ou locataires une indemnité, égale à cinq fois l'augmentation offerte par les locataires de maisons bourgeoises, à dix fois l'augmentation offerte par les fermiers des propriétés rurales, et à quinze fois l'augmentation offerte par les locataires industriels.

ART. 14.

Les fermiers et locataires auront droit, dans une nouvelle enchère, de faire des offres plus considérables, que le propriétaire aura le droit de repousser en proposant de payer les indemnités prévues par l'article qui précède.

ART. 15.

A chaque période de dix années qui suivrait, on procéderait conformément aux articles précédents. Si les propriétaires ne rentraient pas dans la libre disponibilité de leurs immeubles, à chaque nouvelle période de dix années, leur revenu serait accru ; et si les fermiers ou locataires étaient enfin obligés d'abandonner les immeubles qu'ils exploitaient, ils recevraient une indemnité déterminée par les offres d'augmentation faites aux propriétaires des immeubles qu'ils feraient valoir.

# MOTIF DE LA LOI

## DE LIQUIDATION.

La loi la plus importante de l'organisation nouvelle vers laquelle nous marchons, celle que nous regardons comme la loi suprême, le *salus populi*, c'est la loi destinée à régler la situation de l'Etat envers les citoyens, celle des citoyens entre eux, en un mot la loi de liquidation et de libération.

Si, parmi tant d'hommes dévoués cherchant à ranimer le crédit éteint, nous sommes les seuls dont le courage n'hésite pas devant la proposition de cette loi, c'est que nous sommes animés de cette conviction profonde, que l'on puise aux sources de la réalité, et si la sécurité de l'avenir, si la conservation de toute propriété, si le développement de la richesse sociale, si l'accession de tous au capital ne sont pas de vains mots pour les esprits sérieux, nous leur imposerons notre conviction au nom de la raison et de la logique humaines.

S'il était possible de supposer une société surgissant tout à coup, sans passé, et trouvant sur une terre préparée tous les éléments du travail et de la production, il serait facile de concevoir avec quelle ardeur cette société, en possession de toute son activité, s'élancerait sans obstacles vers son perfectionnement moral et matériel. L'Etat, sans créanciers, inspirerait à tous une sécurité sans limites. Les citoyens, sans entraves, marchant dans leur liberté, sentiraient multiplier toutes leurs facultés par l'association, sans redouter de les voir paralysées par ces anxiétés de la dette qui diminuent la valeur de l'homme en faisant de sa vie un long supplice. Dans ces conditions normales, délivrée de tout élément d'irritation et de désordre, tout entière au présent et à l'avenir, une nation accomplirait, en asservissant le globe à ses besoins, des prodiges d'industrie dont le résultat inévitable serait l'amélioration de tous.

Atteindre par une loi et par son exécution toute pacifique une situation semblable à celle dont nous venons de tracer le tableau, n'est-ce pas là le but le plus digne des méditations du législateur? Une loi se juge par ses effets. Or, l'organisation du crédit, aspiration de tous, est au prix d'une liquidation. Sans elle, la créance des citoyens contre l'Etat, sans cesse mise en péril, crée dans la société une secte de trembleurs que le sentiment de la conservation aveugle, et qui, alarmés des conséquences des mouvements les plus généreux et les plus rationnels du pays, s'ameutent contre la pensée même d'un progrès dont ils ont peur, prêts à sacrifier à ces instincts impitoyables ce qu'il y a de plus sacré parmi les hommes. Sans elle, les créances des citoyens contre les citoyens laissent la société dans un état de désordre que l'application d'aucun système financier ne fera disparaître. Des créanciers seront substitués à d'autres, poursuivant comme eux l'accomplissement de l'obligation contractée, traquant l'impuissance et le malheur, impuissants eux-mêmes contre la mauvaise foi, qui leur échappe, paralysant toutes les facultés du débiteur en le forçant à se replier sans cesse sur son passé, et retardant ainsi pour longtemps encore l'heure de l'association et de la solidarité.

Régler, au contraire, par une loi la situation de tous; donner à la propriété un nouvel aliment en transférant le gage du débiteur au créancier; délivrer le débiteur du fardeau de sa dette, et le rendre lui-même propriétaire des nouveaux instruments de travail que les banques délivreront à sa probité; diriger les richesses actives vers un but déterminé; rendre à toute sa puissance l'homme dont l'intelligence ne se tourne contre la société que parce que, privé sans cesse des fruits de son travail par l'absorption persévérante de l'obligation à accomplir, il voit toutes les forces de son âge mûr, les derniers jours de sa vieillesse voués à la misère; conduire les prêteurs à utiliser eux-mêmes leurs richesses en fécondant les terres qui, après avoir été leur garantie, sont devenues leur propriété; unir enfin dans un même intérêt les travailleurs à tous les degrés, et préserver la société de ces liquidations forcées que l'exagération du prêt, les trompeuses apparences du crédit, déversent périodiquement sur elle : voilà les conséquences heureuses de la loi que je propose.

Avons-nous besoin de la justifier dans son principe?

A quelque époque que nous remontions dans les siècles passés, nous trouverons ou la loi ou le fait accomplissant la liquidation. Chez ce peuple qui nous a précédé dans la croyance à l'unité de Dieu, le législateur religieux, dans sa sollicitude pour la dignité de l'homme, l'affranchissait à des intervalles solennels de la servitude de la dette, et donnait au travail un nouvel homme. A Rome, plus d'une fois, le peuple demanda et obtint d'être délivré de la servitude dans laquelle l'emprisonnait sa misère, et le partage des terres conquises donnait à l'ordre, à la paix publique de nouveaux éléments. Mais pourquoi invoquer l'exemple des peuples anciens, quand chez nous, à une date peu éloignée et célèbre dans nos annales, nous trouvons la preuve de l'efficacité et de la nécessité de notre loi dans le fait le plus saisissant et le plus irréfutable de notre histoire moderne?

Quand le premier consul, armé du souvenir de ses victoires, vint s'emparer des rênes de l'Etat qui flottaient incertaines entre des mains inhabiles, il trouva la France libre et disposée à suivre l'homme qui voudrait la guider. Sur les débris d'une constitution monarchique brisée en éclats, un ordre nouveau s'était élevé, et la fuite de la noblesse courant à l'étranger, la vente de ses biens créant des maîtres du sol, l'émission du papier-monnaie enfin, avaient amené, en labourant profondément le terrain sur lequel l'ancien régime avait reposé, une liquidation presque générale des fortunes et une libération des personnes asservies antérieurement à la dette. Ce fait si grave et si vrai, mais si mal observé jusqu'à présent, a été, au commencement du siècle, la cause principale de l'élan avec lequel la nation se livra aux travaux qui modifièrent si rapidement la face du pays; et si, alors, de larges institutions de crédit s'étaient seules placées entre les travailleurs et le capital, si le monopole et le privilége ressuscités n'avaient pas de nouveau frappé l'égalité et la liberté au cœur, si le fils de la révolution, au lieu de rêver une dynastie et de fonder une noblesse, s'était contenté de diriger son génie vers l'utilité et le bien-être des masses, la prospérité de la France n'aurait eu à redouter aucun des bouleversements qu'elle a subis. Les révolutions n'éclatent que lorsque l'égalité rompue entre les citoyens force les opprimés du capital de chercher au péril de leur vie une situation tolérable. C'est alors que les ouvriers, poussés par le désespoir, arment ces bras auxquels le travail a manqué et *meurent en combattant*.

Les liquidations forcées, à travers les déchirements de la patrie, avec le cortége des ruines commerciales, les ébranlements de la propriété, les terreurs du capital qui fuit, les douleurs de la production et de la consommation qui s'arrêtent, voilà le spectacle que nous donnent les crises financières ramenées périodiquement par le désordre légal dans lequel nous vivons. Ne laissons plus à la merci des événements, à la force aveugle des hasards, et nos libertés et nos existences. Qu'un acte de la souveraineté nationale, dicté par de hautes prévisions politiques, affranchisse et l'Etat et les citoyens des liens d'un passé onéreux, et il aura assuré à toujours le repos et la stabilité de la France. Que les adversaires ardents que pourra rencontrer ce projet ne le combattent pas en prononçant ce mot terrible, à la pensée duquel Mirabeau indigné faisait frémir la grande assemblée nationale. Le seul moyen de prévenir la *banqueroute*, puisqu'il faut l'appeler par son nom, c'est de voter la liquidation. Déjà en 1789, comme en 1848, nous avons été miraculeusement préservés de cette éventualité fatale : sachons la rendre impossible, en donnant à la propriété, désormais consacrée, non pas la sécurité inconstante et toujours armée, mais celle d'un long avenir. En imposant à la France le milliard de l'émigration, la Restauration consolida dans toutes les mains la transmission des propriétés nationales. Ce n'était pas là son but; mais ce qu'une aristocratie a osé, ce qu'elle a accompli dans son intérêt exclusif, la République n'a qu'à vouloir pour l'accomplir, dans l'intérêt de la prospérité nationale. Et qu'on ne s'arme pas de cet argument banal, dont les savants de salon se contentent pour se dispenser d'examen; qu'on ne dise pas que quinze jours après l'affranchissement, les citoyens se replaceraient, en suivant d'impérissables habitudes, dans la situation respective où jusqu'alors ils avaient été. Ce serait la preuve qu'on n'a pas voulu nous lire, et apprendre, en nous lisant, qu'après la loi de la libération vient la loi des banques, dominée dans son principe par la loi des familles; que ce ne seront plus les prêteurs patentés, fiers de leurs exactions ou se glissant honteusement dans les sinuosités de l'usure, qui dispenseront despotiquement le capital, mais les grandes institutions de l'État, sur la garantie des sociétés des familles, seules appelées à étendre ou à restreindre l'exercice du *droit au capital*. Au reste, nous n'écrivons pas pour les hommes qui savent tout, mais pour le peuple qui ne sait rien, et a prouvé qu'il peut tout apprendre.

Nous posons donc en principe la liquidation 1° de l'Etat, 2° des citoyens, et, après en avoir justifié la cause, nous allons en indiquer les moyens.

La France est dans cette heureuse situation de posséder des domaines de main-morte autres que ceux qui ont été affectés à des services publics et spéciaux. La valeur de ces richesses immobilières s'élève à environ cinq milliards cent millions. En attribuant ces domaines aux créanciers de l'Etat, dans les proportions et les limites établies par la loi, on atteint un double but dont les avantages réalisés suffiraient à la gloire d'une législature.

La possession d'une rente sur l'Etat est un droit continuellement en péril. A chaque révolution, le péril se renouvelle; l'épuisement, même passager, des sources du trésor public, le refus de l'impôt, prononcé à haute voix par le peuple accablé sous ce lourd fardeau, peuvent faire de la dette publique une vaine attente pour le prêteur. Qu'il devienne propriétaire d'un immeuble représentant sa créance, et à l'instant ses terreurs disparaissent, son droit se solidifie. Citoyen inutile d'une grande ville, il va féconder, par son intelligence, vivifier, par l'emploi d'une fortune désormais assurée, un sol longtemps négligé. Membre d'une association dans les immeubles, que créera bientôt le rapprochement des exploitations, il deviendra, dans sa sphère, l'un des instruments de la suppression des impôts les plus impopulaires par la production de richesses nouvelles, et, comparant sa vie occupée à l'isolement du rentier, il bénira la loi à laquelle il devra la garantie de son repos.

En distribuant ainsi, dans un grand intérêt public, les domaines de main-morte, l'Etat payera aux possesseurs actuels de ces domaines un intérêt annuel égal au revenu. Si une puissante raison politique ne permet pas que les familles proscrites puissent rester présentes dans le pays par la propriété, et conserver ainsi entre les mains un moyen de soulever les passions, la justice voulait qu'elles ne fussent pas dépouillées, et quand le temps aura éteint tous les ferments des discordes civiles, alors les possesseurs du revenu recevront le capital représentatif de la valeur de l'immeuble.

Nous avons déjà, dans des considérations générales, fait ressortir les heureux effets de la liquidation des dettes privées. En en continuant le développement, nous devons d'avance apprécier, pour les réfuter, les objections que, dans l'intérêt prétendu de la morale, on élèvera, en les exagérant, contre le principe dont nous demandons l'application.

Le bonheur a des aspects divers, et les hommes se trompent souvent à ses apparences. Pour les nations comme pour les individus, il se compose de la possession des objets destinés à satisfaire, dans une juste limite, les besoins moraux et matériels ; mais son élément principal est la sécurité. Les souffrances d'une partie de la société sont une menace incessante devant laquelle la satisfaction présente devient déjà le malheur de l'avenir. C'est l'épée suspendue sur la tête de Damoclès, et quand les révolutions éclatent, et quand tout peut périr dans les mouvements désordonnés du corps social qui s'agite, il n'est pas de haute fortune qui n'aspire à un modeste, mais paisible séjour, il n'est pas de créancier, pas d'industriel qui, pour voir se rouvrir les sources du crédit, ne soit disposé à faire au présent le sacrifice d'une partie du passé.

Le droit du créancier est respectable sans doute, mais la question n'a-t-elle qu'un aspect? Le débiteur est-il sans droit? La propriété ne réside-t-elle pas en lui? Ne doit-elle pas être respectée? Jusqu'à présent peut-être, la balance a toujours penché en faveur du prêteur. Emprunter, c'est ne plus posséder. C'est en vain que le propriétaire arrose de ses sueurs le champ qu'il cultive et que cultivaient ses pères, c'est en vain qu'un travail ingrat a arraché péniblement à la terre une partie de ses trésors. Si, pour améliorer la production, il a eu recours au capital, dès ce moment il lui appartient. Les circonstances difficiles, les crises financières, le capital, assis sur la propriété, les traverse sans en recevoir aucune atteinte. A côté de lui, le propriétaire périt, mais son droit à lui ne périt jamaïs. Il gagne à la calamité publique. Il s'empare des biens qui étaient son gage, et le respect judaïque de son droit est la violation flagrante du droit du propriétaire.

Depuis le 24 février, nous avons eu le spectacle de bien des désastres, et la représentation nationale a eu le courage d'y assister sans s'émouvoir. Une grande quantité d'immeubles a été vendue à peine à moitié de sa valeur. Créanciers et propriétaires ont subi les funestes effets de la dépréciation du gage. *Tout a été perdu*, *fors* le droit du premier occupant sur l'immeuble dont la créance a doublé.

Voilà ce que la loi et la morale ont autorisé. Substituez à cette légalité qui tue la loi de liquidation, et vous sauviez des milliers de familles. Et le créancier, possesseur d'un immeuble acquis à sa valeur réelle, ne blessait aucun droit en conservant le sien; et le débiteur, libéré du passé, s'élançait activement vers une destinée meilleure.

Mais quoi, s'écriera-t-on, le débiteur qui n'a pas de gage à offrir, sera aussi libéré de sa dette? Nous n'hésitons pas à dire oui, et nous croyons pouvoir établir qu'il en doit être ainsi, non seulement dans l'intérêt général, mais dans l'intérêt même du créancier.

Une situation nette et liquide vaut toujours mieux qu'une situation incertaine et embarrassée. Dans les sociétés où, sous les apparences de l'ordre, règne la guerre incessante des intérêts opposés, le désir de substituer le travail d'autrui à son propre labeur devient presque un sentiment naturel, et alors le prêt, comme exploitation de l'individu, prend des proportions telles qu'au moment où la circulation s'arrête, les remboursements deviennent impossibles, car les prêts s'élèvent à des sommes que le numéraire ne représente pas. De là ces funestes effets des liquidations forcées, et l'usure les prévoit si bien, qu'elle fait entrer ce risque dans les primes qu'elle impose à l'emprunteur.

Si, après l'orage, le débiteur parvient à se relever de sa chute, il traîne alors après lui les liens qui l'ont enlacé, et, au lieu d'un travail libre et par conséquent producteur, paralysé dans tous ses mouvements, harcelé par le créancier, il devient inutile à la société, qui a droit au concours de ses facultés, et reste, comme l'homme de la glèbe, inféodé au propriétaire du capital. A cette double perte, il faut joindre la fausse direction donnée aux travaux du créancier. Trompé par l'apparence d'une fortune fondée sur des promesses, et qu'il regarde comme sienne, il emprunte lui-même, et se livre à des spéculations que le premier souffle de l'adversité emporte, parce qu'elles manquent de base.

Ainsi, tous les intérêts privés conspirent en faveur d'une loi de liquidation; mais un intérêt bien plus puissant les domine. Il faut que la loi intervienne :

Parce qu'il est humain que le profit du travail d'un homme cesse d'appartenir à un autre homme;

Parce qu'il est utile que les capitaux aillent trouver l'agriculture qui périt;

Parce qu'il est utile que le créancier soit conduit à féconder par ses capitaux les terres qui étaient son gage et sont devenues sa propriété;

Parce que le capital ne peut être engagé dans la production que lorsque les richesses seront liquidées;

Parce que les créances hypothécaires s'élèvent à treize milliards, que l'exagération de la dette ne permet plus de prêter ni au sol, ni à l'industrie, et que c'est devant cet obstacle puissant que nous avons vu échouer tous les projets d'organisation du crédit;

Parce que le bien-être, acquis par un travail profitable à l'industrie, deviendra profitable à tous par l'accroissement énorme de la consommation;

Parce que la liquidation qui établit la jouissance indivise des biens attribués aux créanciers, organise sérieusement la pratique de l'association;

Parce que la liquidation fonde à jamais la propriété sur une base inébranlable;

Parce qu'enfin elle permet à l'homme que le malheur a frappé, de retrouver la fortune par l'essor libre donné à son intelligence, et que l'acte par lequel il effectuera volontairement un paiement, dont la loi ne lui faisait plus une obligation, établira entre lui et son créancier un de ces liens qui ne se brisent plus.

Après avoir établi, dans son principe comme dans ses effets, la nécessité de la loi de liquidation, il nous restait un devoir à remplir. En rendant l'homme à son indépendance, en le délivrant des entraves qui en gênaient le mouvement, nous n'avons pas dû laisser à ses bons ou mauvais penchants le soin de décider s'il se souviendra de sa dette. Jusqu'à présent la loi, prodigue de peines, a été avare de récompenses. Ce sera elle désormais qui proclamera hautement l'effort courageux, le sentiment profond d'abnégation qui poussera l'homme à se séparer d'une partie de sa fortune et du bien-être que le travail lui aura donné. Ce sera elle qui privera des honneurs et de l'influence qu'elle accordera à la probité, l'homme du passé n'obéissant qu'aux instincts de l'individualisme dans une société où la moralité sera en même temps un besoin de la conscience et un intérêt.

Le premier sera de droit membre du conseil des familles, c'est-à-dire dispensateur de l'industrie et du droit au capital. Le second, qui aura préféré la fortune à l'honneur, sera exclu des conseils des sociétés, et subira dans l'opinion publique les conséquences de sa conduite.

Nous terminons notre exposé de motifs par une haute considération morale dont les esprits consciencieux apprécieront la portée. La loi stigmatise, la magistrature punit la fraude, la corruption, le jeu, tous les moyens illicites et trompeurs qui, par l'adresse ou la violence, conduisent à la spoliation.

Le capital leur a élevé un temple. La loi de liquidation de l'Etat pourra seule en fermer les portes.

# LOI DE LIQUIDATION ET DE LIBÉRATION
## DE L'ÉTAT.

ARTICLE PREMIER.

Les dettes des départements, des communes, des établissements de bienfaisance, des établissements religieux, des familles qui ont régné sur la France et les cautionnements des fonctionnaires publics, sont déclarés dettes nationales et classés en rentes 5 pour 100.

ART. 2.

Les domaines des départements, des communes, des établissements de bienfaisance, des établissements religieux, des familles déchues, sont déclarés domaines de l'Etat.

ART. 3.

La valeur en capital de ces richesses et l'importance des revenus qu'elles donnent moyennement, seront déterminées par des arbitres délégués à cet effet par l'Assemblée nationale.

ART. 4.

L'Etat, sur la valeur estimative, prélèvera le montant des dettes, qui seront soldées en rentes inscrites, et, pour l'excédant, il payera aux ayant-droits un revenu égal au produit net des immeubles qui seront entrés dans le domaine public.

ART. 5.

Le produit net de ces immeubles pourra, lorsque les représentants du peuple jugeront qu'il n'y a pas péril à ce qu'il en soit ainsi, être converti en rentes 4 p. 100, et la disposition en être laissée aux ayant-droits.

ART. 6.

La totalité des immeubles de main-morte étant à la disposition du gouvernement, leur estimation sera faite avec le plus grand soin, leur valeur exactement déterminée.

ART. 7.

La rente française, qu'elle soit en 3 p. 100, 4 p. 100, 4 1|2 p. 100 ou 5 p. 100, sera, en totalité, ramenée à l'uniformité, au 5 p. 100.

ART. 8.

Les immeubles de main-morte seront attribués aux créanciers de l'Etat, en remboursement du 5 p. 100 au pair.

ART. 9.

A dater du jour de la promulgation de la loi, la quotité de chaque inscription ne pourra plus être modifiée.

ART. 10.

La valeur immobilière donnée en remboursement des rentes sur l'Etat sera toujours proportionnée à l'importance de la rente.

ART. 11.

Les immeubles destinés au remboursement des rentes seront divisés en trois catégories basées sur leur importance.

La première catégorie formera une somme égale au chiffre total des rentes dont la coupure sera de 5,000 fr. et au-dessus.

La seconde catégorie formera une somme égale au chiffre total des rentes dont la coupure sera de 1,000 à 5,000 francs.

La troisième catégorie, formée des immeubles de la moindre importance, soldera les rentes dont la coupure est inférieure à 1,000 francs.

ART. 12.

Dans la mesure indiquée à l'article précédent, les rentes seront tirées au sort pour obtenir attribution jusqu'à due concurrence.

ART. 13.

Les créanciers de l'Etat, désignés par le sort comme propriétaires de ces immeubles, dans la limite de leurs créances, seront déclarés propriétaires indivis et régis en cette qualité par le Code civil.

ART. 14.

Un délai de six mois s'écoulera entre l'estimation effectuée des immeubles et leur classement par catégorie.

ART. 15.

Les procès-verbaux de ces opérations seront déposés

dans les préfectures, et les citoyens auront droit de soumissionner les immeubles estimés en faisant une offre d'au moins 10 p. 100 en sus de la valeur indiquée.

ART. 16.

S'il arrivait que la totalité de la valeur des immeubles de main-morte ne soldât pas la totalité des dettes publiques, la différence, convertie en 4 p. 100, demeurerait inscrite et réunie aux rentes à créer par suite du rachat des chemins de fer, des canaux et autres monopoles.

# LOI DE LIQUIDATION ET DÉ LIBÉRATION DES CITOYENS.

ARTICLE PREMIER.

Tout débiteur a le droit de liquider ses richesses et de libérer sa personne.

ART. 2.

Dans le cas où le débiteur voudra user de ce droit, il le signifiera régulièrement à chacun de ses créanciers.

ART. 3.

L'acte de signification contiendra la désignation, avec les nom, prénoms, demeure et profession de l'arbitre-juge choisi par le débiteur pour le représenter dans sa liquidation.

ART. 4.

Le trentième jour après la signification, les créanciers ou leurs fondés de pouvoir se réuniront au domicile du débiteur, et, séance tenante, ils désigneront un arbitre-juge qui les représentera à la liquidation.

ART. 5.

Quel que soit le nombre des créanciers présents et la somme qu'ils représenteront, toute nomination par eux faite sera valable.

ART. 6.

S'il arrivait qu'aucun des créanciers ne se rendît ou ne se fît représenter à la réunion, procès-verbal en serait dressé à la requête du débiteur, et, dans les vingt-quatre heures et d'urgence, le maire de la commune où réside le débiteur désignerait l'arbitre-juge destiné à représenter les créanciers.

ART. 7.

Dans les dix jours qui suivent, les deux arbitres désignés présenteront requête au juge de paix du canton pour obtenir la nomination d'un troisième arbitre.

ART. 8.

Aussitôt après la nomination du troisième arbitre, les trois arbitres réunis procèderont à l'inventaire du débiteur. Ils établiront régulièrement son passif; ils détermineront son actif par l'estimation des propriétés immobilières, des marchandises, des denrées, du mobilier meublant, et enfin de toutes les valeurs que possède le débiteur.

ART. 9.

Les experts prendront pour base de cette estimation, non la valeur dépréciée par les crises financières, mais bien la valeur normale.

ART. 10.

S'il résulte de l'inventaire que le passif est moins considérable que l'actif, débiteur et créanciers seront propriétaires indivis, chacun dans la mesure de ses droits et sans distinction d'origine : en cette qualité, ils seront régis par le Code civil.

ART. 11.

Si le passif est égal à l'actif, les biens du débiteur seront déclarés communs aux créanciers, dans la mesure de leurs droits et sans distinction d'origine.

ART. 12.

Si le passif est plus considérable que l'actif, les biens du débiteur seront déclarés communs aux créanciers et attribués :

1° Pour les immeubles, et jusqu'à due concurrence, aux créanciers inscrits;

2° Pour l'excédant dans la valeur estimative des immeubles et pour les valeurs mobilières, aux créanciers chirographaires, au marc le franc de leurs créances.

ART. 13.

Le débiteur qui ne possédera rien sera libéré par la signification qu'il fera à ses créanciers, qu'il entend user du bénéfice de la loi.

ART. 14.

Conformément aux dispositions qui précèdent, tout débiteur qui aura usé de la présente loi sera complétement libéré.

ART. 15.

Tout débiteur qui n'aura pas remis à ses créanciers la totalité de sés richesses, sera poursuivi et puni comme voleur, conformément au Code pénal.

# IMPOTS.

Si les empereurs romains, si les hauts et puissants seigneurs de la féodalité ont paru croire que les peuples étaient nés pour les adorer et les servir, il est à peu près reconnu aujourd'hui, théoriquement au moins, que les gouvernements sont faits pour les peuples. Quelques personnes affirment que cette audacieuse pensée a été émise dans le grand siècle par un démocrate qui s'appelait Salignac de la Mothe-Fénélon. Mais il était réservé à la révolution française d'appuyer cette doctrine sur quelques arguments nouveaux qui semblent avoir opéré d'assez nombreuses conversions. La pratique est restée, il faut le dire, bien loin de la théorie ; mais puisqu'elle n'est plus hautement contestée, je me permettrai de raisonner en vertu du principe généralement admis.

Le peuple est souverain, cela est vrai; mais comme il passe sa vie à créer tout ce qui se fait, à produire tout ce qui se consomme, il lui faut des mandataires habiles chargés de diriger, d'alimenter, de protéger ses travaux. Il ne leur demande pas d'autre œuvre, et il leur abandonne, pour la bien faire, une portion de son travail. Malheureusement, une fois qu'il est à sa besogne, il ne regarde plus à celle de ses mandataires, et alors on lui demande tant de portions de son revenu, on prend tant de biais pour les lui arracher, qu'il ne lui en reste plus pour vivre. Quand, par la faute de ses gouvernants, l'ouvrage ne va plus, comme on lui demande toujours une portion de ses revenus, il n'a d'autre ressource, pour échapper aux réclamations pressantes qui lui sont adressées, que de mourir, et il s'y résigne. C'est ce qui explique pourquoi les statistiques nous disent qu'il a vécu beaucoup moins cette année, et que depuis sept ans le chiffre de la mortalité augmente de manière à nous ramener à celui de 89, — 1 sur 24.

Examinons donc, à ce point de vue, ce qu'on appelle l'impôt, c'est-à-dire la portion de ses revenus que la nation abandonne à ses mandataires.

En 1780, l'impôt s'élevait à près de 400 millions. Sous l'empire, il avait doublé. Il s'est accru dans une proportion si grande qu'il a presque quintuplé; de façon que la progression des charges a suivi le développement des facultés de l'homme, et on lui a plus ôté à mesure qu'il gagnait davantage. Il s'est plaint deux ou trois fois, à sa manière, en priant ses mandataires de s'en aller; mais d'autres sont venus, et ils ne paraissent pas extrêmement préoccupés de la partie sérieuse de leur tâche. C'est à chacun de nous de leur indiquer les moyens de la remplir.

En France, il y a l'impôt direct et l'impôt indirect. Ce qu'on ne peut pas atteindre par l'un dans les aises de la vie, on l'atteint par l'autre. Droit d'être, droit de respirer, droit de boire, droit de transmettre les idées, droit d'acheter les produits étrangers, tout cela se paye et bien d'autres choses encore. Chaque année, en grande assemblée, cela se discute, comme s'il était question sérieusement d'enlever un peu moins de son salaire au travailleur.

Chaque année, l'un des membres de l'assemblée législative lui présente deux gros volumes intitulés : *Budgets de l'Etat*. Ce représentant du pays a l'habitude de blâmer l'élévation des charges publiques; puis il ajoute : « Les besoins sont impérieux : il faut craindre de désorganiser *les services*. » Et il conclut au vote de l'impôt.

Le ministre des finances vient affirmer que ses sympaties, ses convictions les plus profondes le conduisent à désirer la diminution des charges publiques, et, si les nécessités les plus impérieuses ne l'y contraignaient, déjà il serait entré dans la voie des économies. Il s'engage, sur l'honneur, à proposer l'année suivante de notables réformes.

En quelques séances, attendris par l'expression sincère des intentions du ministre des finances, les membres de l'assemblée votent 1,600 millions, et ordonnent au peuple de les payer.

Le peuple libre donne sa sueur, son sang, sa vie ; ses gouvernants y puisent à pleines mains, et ne s'arrêtent que lorsque la source est tarie.

C'est ainsi que la Restauration, par l'accroissement des charges, a préparé la révolution de juillet.

C'est ainsi que la branche cadette, avec le même système, a semé la révolution de février.

Si le gouvernement républicain veut vivre, il faut qu'il abandonne la voie funeste dans laquelle se sont perdues les monarchies.

Liquider les dettes publiques et privées, créer le crédit générateur des richesses, provisoirement ramener les impôts à l'unité, soumettre les contributions directes à une nouvelle répartition dont l'effet serait d'égaliser pour tous les charges publiques dans la mesure de leur richesse, de faire entrer dans le budget de l'Etat les dépenses et les recettes des départements et des communes, et enfin successivement supprimer les impôts, voilà l'œuvre de la République; j'espère qu'elle n'y faillira pas.

Il est cependant un impôt que je voudrais, non conserver, puisqu'il n'existe pas, mais créer.

Selon moi, l'impôt doit être un moyen coercitif et n'atteindre que les richesses qui ne produisent pas; c'est le contraire qui a lieu. Il semble que les législateurs aient voulu punir les citoyens laborieux et intelligents des efforts qui, dans ma pensée, leurs mériteraient les reconnaissances publiques.

La création de l'impôt coercitif aurait pour effet de contraindre le propriétaire du sol non cultivé à le féconder ou à le céder à l'Etat; le détenteur d'un capital en numéraire à le livrer à la circulation, ou à payer une indemnité à la société qu'il prive d'un élément de travail; l'industriel à confier ses travaux aux ouvriers dans les conditions les plus utiles au bien-être, à la moralité, à l'union de la famille, ou à payer un impôt assez considérable pour que la direction jugée utile soit donnée. Le commerçant qui monopolise plusieurs industries, le marchand qui envahit un grand nombre de spécialités, seraient conduits par l'impôt à renoncer à cette tendance qui enlève aux familles un travail qui leur est nécessaire, qui empêche la spécialité, par conséquent la perfection et le bon marché dans les productions et dans le commerce, etc., etc.

Si le système de banques que nous proposons pouvait être immédiatement adopté, nous croyons que, dans un intervalle rapproché, la réserve qu'elles feraient de leurs bénéfices au profit de l'Etat suffirait à tous ses besoins. Mais jusque-là, au lieu d'une suppression immédiate et complète, nous ne pouvons penser qu'à celle des impôts qui ont pour effet inévitable d'élever les prix, de restreindre la consommation, par conséquent la production, par conséquent la vie. Examinons donc d'abord la nature et l'assiette de ces impôts, établissons la nécessité de leur abolition, et indiquons en même temps les moyens de remplacer le revenu qu'ils donnent à l'Etat au grand détriment des intérêts généraux.

Ces impôts réunis produisent 447,752,000 francs.

# IMPOT DU SEL.

L'impôt sur le sel a été réduit des deux tiers ; cette réduction produira fort peu d'effet.

Le sel doit être accessible librement à tous les citoyens.

Propager son usage sera œuvre d'intelligence gouvernementale.

Apporter un obstacle quelconque à son emploi, démontre dans les hommes qui nous gouvernent une ignorance profonde.

Le sel est indispensable à tout ce qui vit, à tout ce qui végète : les hommes éminents dans les sciences sont unanimes à ce sujet.

Vauban, cet homme de guerre qui fut un grand économiste, écrivait : *Le sel est une manne donnée à l'homme par le ciel.*

*La gabelle a fait plus de mal à l'agriculture que la grêle et la gelée,* disait Buffon.

Les paroles de Barbé-Marbois ne sont pas moins significatives : *Le sel ne peut être regardé seulement comme un objet de première nécessité ; le bétail en reçoit une grande amélioration. Les épizooties sont rares, elles sont à peine connues dans les lieux où le sel peut lui être distribué libéralement.*

Boulay de la Meurthe : *Le sel est plus nécessaire encore aux bestiaux qu'aux hommes.*

Chaptal : *Le sel est le premier besoin des animaux ruminants; l'impôt du sel est le fléau destructeur de toute propriété agricole.*

Thenard : *Il faudrait supprimer l'impôt du sel pour permettre à l'agriculture d'en faire usage.*

Boussingault : *Ma conviction en faveur du sel administré au bétail est formée depuis longtemps.*

M. Bella : *Le sel est partout aussi nécessaire pour le bétail que pour l'homme. On cherche en vain à améliorer nos races par des croisements, si, avant tout, l'on n'améliore leur alimentation, et si pour cela l'on n'a pas recours au sel.*

M. Lecoq : *Libre d'entraves avec le bas prix des trans-*

*ports que les voies de fer doivent amener, le sel est destiné à régénérer l'agriculture, à la faire entrer dans une voie toute nouvelle dont les résultats sont incalculables, mais dont les avantages sont certains.*

M. Payen : *Le sel rend l'alimentation plus saine, plus économique, soutient les forces digestives, diminue les chances de maladie et de mortalité, et par son concours l'engraissement est plus profitable.*

M. Fawtier : *Le bœuf, le mouton, le porc, s'engraissent mieux, plus promptement et à moins de frais, lorsqu'ils reçoivent du sel; leur viande est plus savoureuse et de meilleure qualité.*

M. Hardouin, résumant l'opinion du Comité central d'agriculture : *La viande plus commune, le pain en plus grande quantité.*

M. de Dombasle : *Il est constant qu'il n'y a pas d'impôt plus onéreux pour les productions agricoles que celui qui pèse sur le sel.*

Sir John Sinclair, l'un des agronomes les plus distingués de l'Angleterre, s'exprime ainsi sur l'usage du sel :

1° *Il agit comme amendement sur les terres arables;*

2° *Il peut être utile pour exciter la fertilité des terres incultes;*

3° *Il présente un remède efficace contre la carie;*

4° *Mêlé avec les semences, il les préserve des attaques des insectes;*

5° *Il favorise la végétation des graines oléagineuses;*

6° *Il augmente la production des pâturages et des prairies;*

7° *Il améliore la qualité des foins;*

8° *Il rend les aliments grossiers plus nourrissants, et les aliments humides moins nuisibles aux bêtes à cornes et aux chevaux;*

9° *Il préserve les bestiaux des maladies et contribue à leur santé;*

10° *Il peut prévenir la rouille ou la nielle du froment.*

M. Liebig, l'un des plus grands chimistes de l'Europe, écrivait : *Le sel est absolument nécessaire sur notre continent pour la nourriture du bétail.*

M. Moll, professeur au Conservatoire des Arts et Métiers de Paris : *Il n'y a qu'une opinion chez les engraisseurs d'outre-Rhin sur l'influence avantageuse du sel, non seulement sur la marche de l'engraissement, mais encore sur la qualité de la viande.*

M. Fallembert, directeur du célèbre institut agricole de Hofwil, écrivait : *Le sel est un digestif puissant; il est employé avec succès pour rendre mangeables les foins avariés. Les engrais provenant des bestiaux qui digèrent bien sont plus fertilisants que ceux des bestiaux qui digèrent mal, parce qu'ils contiennent plus de parties animalisées.*

En Espagne, un bœuf ou une vache consomme 30 kilogrammes de sel par année, un cheval 15 kilogrammes, un mouton, un porc 8 kilogrammes.

Dans le Jura, une borne sépare la France de la Suisse. Des deux côtés mêmes cultures, mêmes paturages, mêmes prairies; en Suisse, le bétail est nombreux, admirable de taille, de santé, d'embonpoint; les taureaux et les bœufs sont vigoureux, les vaches peuvent à peine se mouvoir, embarrassées qu'elles sont du poids de leurs mamelles.

En France, au contraire, le bétail est grêle, de petite taille : il ne peut être comparé au bétail de la Suisse, ni pour la viande ni pour le lait.

Et voici pourquoi : en Suisse on donne du sel en abondance, en France on l'épargne. En Suisse, le sel se vend à bas prix, en France, il est cher; et pourtant, c'est la France qui fournit le sel à la Suisse.

M. Buquerel de l'Institut, professeur, administrateur du Muséum d'histoire naturelle, membre de la Société centrale d'agriculture, dans un livre intitulé : *Des engrais inorganiques en général, et du sel marin en particulier,* apporte de nouvelles lumières dans cette question capitale de l'usage du sel dans l'agriculture.

M. Buquerel a été conduit à ses savantes recherches par le spectacle des salines de l'Est. Il a été frappé de la beauté qui distingue toujours la végétation des champs contigus aux bâtiments de graduation, d'où s'échappent continuellement des goutelettes d'eau salée que le vent porte plus ou moins loin.

M. Buquerel a employé le sel comme engrais minéral : les céréales, les fourrages, les légumes ont été beaucoup plus abondants.

Ses expériences lui ont démontré que les pommes de terre n'étaient pas atteintes par la maladie lorsquelles étaient plantées dans un terrain salé, quoique leur quantité en fût énormément accrue. Elles établissent encore l'heureux usage du sel dans la culture du riz.

A l'appui des travaux de M. Buquerel, nous apportons notre propre expérience. Nous avons employé sur des terres argilo-calcaires le sel dissous dans l'eau, dans la mesure de 2 kil. par hectolitre. Les grains d'hiver irrigués au mois de mars, dans la proportion de 300 hectolitres d'eau salée par hectare, les grains du printemps, les prairies naturelles, les prairies artificielles et les légumes irrigués dans la même mesure au mois d'avril ont été plus considérables d'un tiers environ que ceux des champs qui n'avaient pas reçu d'eau salée. La vigne, amendée avec des corps salés dans cette proportion, acquiert un développement extraordinaire, et produit infiniment plus.

Si les terres du centre de la France, notamment du Berry, étaient salées, le froment ne serait pas dévoré par les mouches.

Si les bêtes à laine de la Sologne, d'une portion du Berry, des contrées marécageuses et mal cultivées, consommaient du sel, il n'en périrait pas annuellement le quart.

L'Angleterre a supprimé l'impôt du sel en déclarant que cette suppression était nécessaire aux progrès de l'agriculture.

Il ne suffit pas d'avoir diminué l'impôt, il faut qu'il soit supprimé.

Nous n'hésitons pas à déclarer que, si le sel n'était payé que ce qu'il vaut réellement, c'est-à-dire de 2 à 4 fr. les cent kilogr., selon qu'il serait consommé à une plus ou moins grande distance des lieux où il est produit, la richesse publique serait rapidement accrue dans des proportions difficiles à prévoir.

Un gouvernement éclairé non seulement n'imposerait pas le sel, ce don précieux de la Providence qu'elle a multiplié à l'infini, parce que, dans sa sagesse, elle avait prévu que l'usage en serait infini, mais il faciliterait, par tous les moyens qui sont en lui, la répartition, la distribution de cet élément générateur des richesses.

En vain, des petits hommes d'Etat qui se prétendent financiers, opposeraient les besoins du Trésor.

L'Etat n'est autre chose que le résumé des intérêts de

tous. Comment se fait-il donc que, dans l'intérêt prétendu de tous, on enlève à tous un élément de bien-être qui prolonge l'existence, un élément de richesses qui peut réaliser annuellement plusieurs milliards, et cela, pour conserver à l'Etat un impôt de 25 millions?

Les peuples, si intelligents, comprennent toute l'importance de l'impôt du sel; aussi partout où le peuple s'agite, partout où éclate une manifestation révolutionnaire, l'impôt du sel est immédiatement amoindri pour bientôt être supprimé.

En Piémont, à Rome, dans toute l'Italie, dans toute l'Allemagne, il en est ainsi.

La France, seule entre toutes les nations, fera-t-elle donc des révolutions pour que tels ou tels occupent les places de tels ou tels autres?

# DROITS SUR LES BOISSONS.

Si l'on arrivait à ce que le vin, cet aliment nécessaire à la santé, à la puissance humaine, coûtât à tous à peu près le même prix qu'il coûte aux habitants des vignobles, il en résulterait que tous consommeraient à peu près dans la même mesure.

Les habitants de la Charente-Inférieure et de la Gironde consomment, en moyenne et par individu, 360 litres, et cependant la consommation moyenne du citoyen français est de 60 litres.

En supprimant les droits sur les boissons, les octrois des villes, en effectuant les transports par les chemins de fer et les canaux, devenus domaine national, à un prix maximum qui, quelle que soit la distance à parcourir, ne dépasserait pas 20 fr. les 1,000 kil. rendus au domicile du destinataire, lorsqu'il résiderait à un myriamètre au plus des chemins de fer ou canaux, le vin pour tous serait à peu près au même prix, et la consommation moyenne, qui en France est de 60 litres par individu, s'élèverait rapidement à 360 litres.

Le salaire moyen réalisé pour produire un hectolitre de vin tout enfûté s'élève à 7 fr. 50, et le revenu des immeubles et des richesses mobilières qui sont utilisées à la production du vin représentent à peu près une même somme de 7 fr. 50. Si chaque individu consommait trois hectolitres de vin de plus, il en résulterait une production qui s'élèverait pour la France à seize cents millions, lesquels seraient répartis dans la proportion de huit cent millions aux travailleurs et huit cent millions au capital. Ces richesses constitueraient des consommateurs, par conséquent des producteurs qui, eux-mêmes, deviendraient consommateurs. Le travail, l'industrie, le commerce recevraient une immense impulsion.

Producteurs industriels, vous réaliserez le fruit de vos travaux, lorsque vous serez en mesure de consommer les productions des travailleurs agricoles.

---

# OCTROIS.

Les octrois des villes ont des résultats on ne peut plus fâcheux. A Paris, l'octroi sur les vins a pour effet les falsifications les plus coupables, et quelle que soit l'activité de la police, elle est impuissante à protéger la population parisienne contre le vin frelaté; ceci se comprend. Le mélange que l'on vend sous le nom de vin donne un bénéfice de 20 fr. par hect., puisque le vin paie ce droit à l'octroi.

Toutes les denrées sont soumises à cette cruelle loi de l'octroi; aussi toutes sont falsifiées.

L'octroi, de même que les mesures fiscales qui élèvent le prix des objets de consommation, pousse les citoyens à la fraude, à la révolte contre la loi. Ces impôts enlèvent aux gouvernements l'affection, le dévouement des citoyens; ils sont l'origine des misères, par conséquent incompatibles avec le patriotisme.

Espérons que le gouvernement saura, par sa sagesse, prévenir un de ces mouvements violents dans lesquels les barrières disparaissent comme les trônes.

# DROITS SUR LES SUCRES.

Si les droits sur les sucres n'existaient pas, le sucre raffiné pourrait être livré aux consommateurs à 40 c. la livre. Cet aliment entrerait dans la consommation des familles pauvres, et nous n'hésitons pas à affirmer que son usage pourrait être sextuplé. Il arriverait du sucre ce que nous avons dit du vin : la consommation déterminerait la production, le travail.

Que l'on ne nous oppose pas que le sol qui produirait du sucre produit autre chose, et que l'on ne saurait obtenir une plus grande quantité de sucre que si l'on récolte moins de blé : ce serait une erreur. Nous avons constaté que les fermes dans lesquelles la betterave était cultivée comme jachère donnaient une plus grande quantité de grains et nourrissaient un plus grand nombre de bestiaux, qu'ainsi le sucre était une production qui accroissait et ne diminuait pas la quantité des autres produits.

La France peut fournir à l'Europe la totalité de sucre qui lui est nécessaire, et ne pas récolter un hectolitre de blé de moins.

Le sucre à 40 c. la livre, 400 millions en plus seront livrés au travail et au capital. Ils deviendront des éléments de richesses et de consommation.

# DROITS D'ENREGISTREMENT.

Les droits d'enregistrement seraient un obstacle absolu à la liquidation, et la liquidation étant une mesure indispensable pour arriver à l'organisation du crédit, à la constitution du droit au capital, base essentielle de la réorganisation des sociétés modernes, ce motif, lors même qu'il serait seul, suffirait pour déterminer leur suppression.

Il est une autre cause non moins déterminante qui nous fait insister à ce sujet. Les citoyens ont d'autant plus l'amour de la patrie qu'ils sont propriétaires, et la plus grande difficulté pour devenir propriétaire est de payer comptant les droits d'enregistrement.

Les principaux éléments qui déterminent le patriotisme sont le bien-être et la libre accession au sol qui en est le principe.

Les impôts que nous désirons voir supprimer sont un obstacle à ces deux conditions essentielles au bonheur de l'humanité.

Dans l'ordre social où nous vivons il existe de singulières et douloureuses situations.

Le chiffre de la somme dépensée par les individus est la règle des misères, des jouissances, de la longévité.

En France, comme dans tous les états de l'Europe, il existe des masses incalculables d'hommes qui dépensent quarante centimes par individu par jour pour se nourrir, se vêtir, se loger; c'est le tiers de ce qu'il faut pour un cheval, un bœuf.

Ces malheureux vivent en moyenne 20 ou 21 ans. Ils meurent lentement de la misère qui les tue.

Dans les sociétés modernes, il y a encore quelques hommes qui vivent peu; ils périssent par les excès, ainsi misère tue, excès des richesses tue.

Les citoyens vivent plus, à mesure qu'ils peuvent consommer davantage; avec 1 fr. 50 c. de dépenses par jour un individu arrive à 34 ans; la longévité s'étend pour ceux qui dépensent davantage. Ainsi, les prêtres, les magistrats, les bourgeois paisibles des départements, qui consomment à peu près dans la mesure complète de leurs besoins, qui ont une existence calme, sans inquiétudes, vivent 50 ans.

Les lois économiques ont à combler la lacune qui existe entre 20 et 50 années d'existence.

# VOIES ET MOYENS.

J'ai pris pour base de mon travail économique relatif aux finances publiques le budget de 1847, la situation révolutionnaire n'étant pas un état normal.

Les impôts qui seraient immédiatement supprimés font entrer dans les caisses publiques 447,752,000 fr., qui se divisent ainsi :

| | |
|---|---|
| Sels. . . . . . . . | 71,870,000 |
| Sucres . . . . . . . | 72,248,000 |
| Boissons. . . . . . | 102,014,000 |
| Octrois des villes. . . | 61,620,000 |
| Droits d'enregistrement. | 140,000,000 |
| TOTAL. . . | 447,752,000 |

Nous avons dit que l'Etat liquiderait les dettes; qu'il y emploierait les domaines de main-morte.

L'Etat est grevé de rentes inscrites dont le capital nominal s'élève à 5,230,005,420 fr. Si ces capitaux de rente étaient ramenés au 5 p. 100, ils représenteraient environ 4 milliards 600 millions. Les dettes flottantes, qui ont été ou qui seront classées, figuraient au budget pour un intérêt annuel de 25 millions. Leur inscription élèvera la dette d'environ 500 millions, ce qui portera le chiffre à rembourser à environ 5 milliards 100 millions.

Les propriétés de main-morte représentent à peu près cette somme, savoir :

| | |
|---|---|
| Forêts de l'Etat, produit brut 36 millions, réduit à un produit net de 30 millions, représentant une valeur de. | 3,000,000,000 |
| Domaines des communes et des départements, dans lesquels ne sont pas compris les établissements spéciaux, donnant un revenun et d'environ huit millions, et représentant une valeur de. . | 800,000,000 |
| Propriétés des établissements de bienfaisance, au nombre desquels ne sont pas les immeubles dont la destination est spéciale, produisant environ 12 millions, et représentant une valeur de . | 600,000,000 |
| Les immeubles des corporations et établissements religieux, en dehors des bâtiments spéciaux, représentant un revenu de 2 millions, et une valeur de. . . . . . . . . . . . | 100,000,000 |
| Les immeubles des familles déchues, représentant un revenu de 9 millions, et une valeur de | 600,000,000 |
| TOTAL APPROXIMATIF. . | 5,100,000,000 |

Le remboursement de la dette publique avec le domaine de main-morte aurait pour effet de priver l'Etat du produit des forêts qui figure au budget de recettes pour trente millions, ci . . . . . . . . . . . . . . . . . . 30,000,000

Et d'ajouter aux charges publiques :

| | |
|---|---:|
| Revenus des biens communaux. . . . . . . | 8,000,000 |
| » des établissements de bienfaisance . . | 12,000,000 |
| » des établissements religieux . . . . | 2,000,000 |
| » des familles déchues. . . . . . . . | 9,000,000 |
| Ensemble soixante et un millions. . . . . | 61,000,000 |

En conséquence du système financier que nous proposons, l'Etat serait dispensé de payer :

| | |
|---|---:|
| Intérêt de la dette publique classée, de la dette flottante et l'amortissement. . . . . . . . . . . . | 313,325,017 |
| Frais de perception des contributions directes et de transports d'espèces, les banques étant gratuitement chargées de ce service. . . . . . | 21,292,586 |
| Frais de perception des droits sur le sel, le sucre, les boissons. . . . . . . . . . . | 22,740,630 |
| Des octrois des villes, à raison de 12 p. 100. . | 7,394,400 |
| Réductions au budget de la justice . . . . | 9,024,895 |
| Réductions au budget de l'intérieur. . . . | 6,029,020 |
| Réductions au budget de la guerre . . . . | 58,011,293 |
| Réductions au budget des finances, en sus des frais de perception des impôts directs . . . . | 12,810,000 |
| Réductions, pensions, retraites, légion-d'honneur. . . . . . . . . . . . . . . . | 10,000,000 |
| Réductions au budget des cultes. . . . . | 1,717,000 |
| TOTAL A PAYER EN MOINS. . . . | 462,344,841 |

| | | |
|---|---:|---:|
| Il résulte de ces calculs approximatifs, qu'en conséquence de notre système, l'Etat aurait à payer en moins à divers, fr. | | 462,344,841 |
| Et qu'il aurait à recevoir en plus, revenus réservés dans les bénéfices des banques, première année, fr. | | 46,407,159 |
| | | 508,752,000 |
| Mais il n'aurait plus à encaisser les droits sur le sel, le sucre, les boissons et les octrois des villes formant ensemble . . . . . . . . . . | 307,752,000 | |
| Les droits sur la transmission des immeubles . . . . . . . . . . . . | 140,000,000 | |
| Les revenus des forêts de l'Etat. . . | 30,000,000 | |
| Et il aurait à payer aux ayant-droits pour les revenus des domaines de mainmorte . . . . . . . . . . . . | 31,000,000 | |
| TOTAL. . . | 508,752,000 | 508,752,000 |

Nous évaluons à 46,407,159, la réserve de 80 p. 100 au profit de l'Etat dans la totalité des bénéfices que les banques auront réalisés pour la première année de leur exercice. Nous sommes convaincus cependant que, la liquidation effectuée, les banques, organisées sur les bases que nous indiquons, auraient nécessairement prêté aux citoyens, dans le courant de la première année, plus de 12 milliards, et recueilli plus de 100 millions dans les fonctionnements accessoires dont elles seraient chargées, qu'ainsi l'Etat aurait à recevoir plus de quatre cents millions :

Sa liquidation générale laisserait peut-être un arriéré à solder, et, avant d'amoindrir les impôts que nous conservons, les revenus de l'Etat dans les banques seraient entièrement consacrés à solder la totalité de l'arriéré dans lequel nous ne comptons pas la dette inscrite par suite du rachat des monopoles et du prix des immeubles de main-morte qui appartiennent à d'autres qu'à l'Etat. Il serait imprudent de rembourser en espèces annuellement une partie trop considérable de la dette publique, il en pourrait advenir un déplacement de numéraire qui aurait de graves inconvénients.

Les réductions dans les divers services, ci-dessus énoncés, ont été l'objet de travaux spéciaux qui seront prochainement publiés.

# CONCLUSION.

J'ai dit :

Comment seront organisées les sociétés des familles, dans lesquelles tous les citoyens auront un véritable intérêt à se réunir;

Comment les conseils de ces sociétés, qui exerceront une haute influence en fixant la mesure dans laquelle le droit de tous au capital sera pratiqué, conduiront les membres des familles à l'union et les rapprocheront les unes des autres ;

Comment la loi des banques conduirai le capital actif, le numéraire à la concentration, à l'unité d'action, à la multiplication des richesses dans la mesure des nouveaux besoins, à la réalisation, dans les limites de la loi, du crédit pour tous;

Comment les droits des fermiers et locataires sur les immeubles qu'ils exploitent sont déterminés, sans que les avantages qui doivent résulter de l'amélioration et des progrès soient enlevés aux propriétaires;

Comment il est possible, sans violation, sans spoliation, de rembourser la dette publique, de liquider les richesses privées, de libérer les individus;

Comment le budget de l'Etat sera équilibré, tout en supprimant les impôts qui atteignent les objets de consommation et les droits qui grèvent la transmission des immeubles.

Alors l'humanité abandonnerait la voie de compression dans laquelle elle se traîne péniblement, pour entrer dans la voie de l'expansion, qui n'est autre que la pratique intelligente des droits et des devoirs.

Je continuerai ma tâche.

Je suivrai l'Assemblée législative dans ses travaux.

Je publierai mon opinion :

Sur l'organisation du gouvernement compatible avec l'état démocratique ;

Sur l'éducation de l'enfance, de la jeunessse et de la virilité ;

Sur les conquêtes morales, les seules auxquelles la France républicaine puisse aspirer, et qu'il lui serait facile d'effectuer en admettant gratuitement, dans la mesure de leur capacité et dans des conditions d'égalité absolues avec la jeunesse française, les jeunes hommes de toutes les contrées du monde dans les écoles spéciales ;

Sur la réglementation des conditions internationales. Les traités d'alliance entre les nations modernes ne sont autre chose que des conventions commerciales. Il serait, selon nous, convenable qu'elles aient pour base la conservation du travail de chaque peuple ; le droit protecteur ne pourrait être élevé au-delà du prix des salaires ;

Sur l'organisation de l'armée, de telle sorte que les citoyens qui la composeront soient ramenés dans le droit commun ;

Sur les divers services publics ;

La magistrature qui, dans l'ère nouvelle où nous entrons, doit perdre son esprit de compression ;

Les ambassades et consulats, dont les titulaires donneront de sérieuses garanties de la supériorité indispensable aux représentants de la grande nation ;

Les cultes, dont le caractère serait modifié dans la mesure de la tolérance philosophique de notre époque ;

Les prêtres et les ministres doivent être citoyens, par conséquent élevés et enseignés avec les citoyens ;

La police, qui aurait une seule direction et serait ramenée à sa véritable mission, qui est de protéger les citoyens et non de les espionner au profit de quelques individualités ;

Les hospices, que la civilisation, les progrès, la solidarité des familles, le droit au capital, par conséquent au bien-être, rendront inutiles, puisqu'alors le malade, le vieillard trouveront dans leurs familles soins affectueux et dévouement qui font vivre ;

Les théâtres, qui exercent une action considérable sur les esprits, qui sont un moyen puissant d'éducation, seront dirigés par l'Etat, de la même manière que les autres services publics. Les acteurs deviendront fonctionnaires; ils seront élevés à toute la dignité des citoyens utiles et recommandables;

La confection par les officiers d'état-major des cartes et des travaux statistiques de la France, de telle sorte que tous sachent exactement quelle est la condition des populations, leur consommation, leur production, la nature du sol, son appropriation dans quelle mesure il peut être fécondé, la situation des diverses industries, l'importance des capitaux employés, ceux qui pourraient l'être encore.

Par l'usage auquel nous destinons les châteaux royaux, nous en ferions les invalides civils des sciences, des arts, de l'industrie, de l'agriculture, du travail; de même que les invalides de la marine britannique sont réunis comme ils ont vécu, chaque vaisseau a sa division spéciale; les savants, les artistes, les industriels, les cultivateurs, qui, privés de famille, obtiendraient les invalides, viendraient ensemble dans la sphère de leurs idées, de leurs travaux, y terminer leur honorable carrière.

L'organisation d'une commission permanente, choisie par les représentants du peuple, aurait mission de préparer la réforme des lois. Les lois pénales, qui conduisent les condamnés à la démoralisation, à la révolte contre la société, lorsqu'elles devraient faire qu'ils soient améliorés et par suite réhabilités, ne sont plus en harmonie avec le droit individuel qui se pratique, la civilisation.

La loi contre les coalitions, qui est applicable aux ouvriers, sans pouvoir atteindre les maîtres, serait abrogée; elle est incompatible avec l'égalité, elle est inconstitutionnelle.

La loi qui règle les droits des inventeurs, qui leur garantit la jouissance absolue de leurs découvertes, lorsqu'elles sont brevetées, serait modifiée. A notre point de vue, il y aurait un avantage réel, non seulement pour la France, mais encore pour les progrès du monde, à ce que l'Etat indemnisât les inventeurs, et à ce que leurs inventions fussent livrées à la libre exploitation. Nous considérons qu'il devrait en être ainsi pour les propriétés littéraires. Dans cette hypothèse, il serait formé un jury d'appréciation qui fixerait la mesure de l'indemnité.

Les monopoles, concédés par l'Etat ou par les communes à des compagnies, tels que chemins de fer, canaux, ponts à péage, éclairage au gaz, bains, lavoirs, marchés, lignes d'omnibus, voitures de place, et tant d'autres encore, faveurs qui constituent, au profit de quelques citoyens, des droits contre la société tout entière, lesquels ne sont pas compatibles avec la liberté que tous devraient pouvoir pratiquer, rentreraient au domaine public. Ils seraient remboursés aux ayant-droits à leur valeur exacte. Alors, ils concourraient efficacement au développement de la richesse.

Les chemins de fer et les canaux auraient pour effet d'égaliser, au profit de tous les citoyens, le prix des productions nationales.

Les monopoles concédés à des particuliers, tels que les offices ministériels, seraient arrêtés dans leurs envahissements, qui n'ont pas de limites, par la création de fonctionnaires qui pourraient rendre aux citoyens les mêmes services.

Les travaux publics, qui seraient organisés et accrus dans des proportions telles, que promptement, les chemins de fer, les canaux, les routes, les chemins vicinaux, les endiguements, les irrigations, les défrichements et les reboisements seraient effectués.

Les pensions et retraites seraient révisées de telle sorte, que les titulaires riches, n'ayant pas besoin d'un prélèvement sur la richesse publique, soient conduits à y renoncer, et que tous travailleurs, industriels, fonctionnaires, soient à l'avenir considérés de la même manière dans la répartition des secours que l'Etat doit généreusement offrir aux citoyens qui, à quelque titre que ce soit, ont été utiles au pays.

Nous aurons à dire nos études du sol national, les conséquences que nous en avons déduit; comment il est facile, avec la liquidation, les banques, le droit au capital actif, la condition nouvelle créée aux exploitants, la possibilité d'engager au sol les capitaux nécessaires au développement de ses productions à l'infini variées, et dont la qualité peut être accrue dans une telle mesure, qu'elle dépasse assurément nos prévisions elles-mêmes, de faire du sol de la patrie la base des richesses et du bonheur des citoyens.

La colonisation de l'Algérie, cette conquête de la paix, ne nous a pas préoccupé moins sérieusement; nous exposerons nos idées à ce sujet.

L'administration intérieure des villes est d'une grande importance à notre époque d'émancipation intellectuelle et politique. L'agglomération dans les villes des travailleurs industriels exige une grande habileté de la part des administrateurs; si la condition des ouvriers n'y est pas convenable, s'il n'est pourvu à leurs besoins, si enfin ils peuvent avec raison accuser ceux qui gouvernent des maux qu'ils souffrent, alors les collisions ne se font pas attendre; les travailleurs des villes en sont venus à ne plus accepter la misère. Beaucoup de mesures nouvelles sont à prendre, grand nombre d'abus à réprimer. La distribution des aliments, par exemple, se fait mal, leur prix en est fâcheusement accru, les conditions hygiéniques et la salubrité laissent beaucoup à désirer.

Le système municipal se ressent du système général; il doit être modifié.

Nous avons à examiner de nouveau les questions d'impôt; les charges qui pèsent sur les citoyens ont une influence considérable sur les destinées de l'humanité; à mesure que les lois des finances seront discutées à l'Assemblée, nous exposerons nos théories de la manière la plus complète.

Les réformes que nous proposons seront réalisées aussitôt que les citoyens voudront sérieusement qu'il en soit ainsi.

Le suffrage universel permet aux citoyens d'obtenir pacifiquement toutes les lois qui conduiront la société à une condition prospère. Que tous, électeurs, ils sachent s'unir dans une même pensée, dans une même formule, et les lois qu'ils auront indiquées, leurs représentants se hâteront de les voter.

Que les citoyens se rappellent que les électeurs privilégiés de 1830 manifestèrent qu'il serait convenable que la pairie cessât d'être héréditaire, et, malgré la volonté du gouvernement et les sympathies du plus grand nombre des députés, l'hérédité fut brisée.

Que serait-ce donc, si le peuple souverain, en possession du suffrage universel, disait, et disait haut et ferme, qu'il entend que telles ou telles lois, ayant tel but, soient étudiées et promulguées? Quels sont les représentants qui ne se hâteraient d'obéir?

FIN.

www.ingramcontent.com/pod-product-compliance
Ingram Content Group UK Ltd.
Pitfield, Milton Keynes, MK11 3LW, UK
UKHW021109290826
14628UKWH00014B/1549

9 782019 639686